KB237619

강창균의
더 큰 부자가 되려면
한국주식을
떠나라

한국주식을 떠나라

| 강창균 지음 |

한국경제신문

지난해 하늘나라로 올라가신
너무나도 보고 싶은
어머니 김영자 여사에게
이 책을 바칩니다.

"새는 알에서 나오려고 투쟁한다. 알은 세계이다.
자신의 꿈을 찾아내려는 사람은 하나의 세계를 깨뜨려야 한다."
– 소설 데미안 중에서

저금리, 부동산투자 위축 등으로 인해 개인투자자들의 투자가 갈수록 어려워지고 있다. 특히, 최근에는 국내 가계부채 급증에 따른 금융불안 가능성이 제기되고 있어 투자기대수익을 올리기가 쉽지 않다. 그렇다면 안정적인 투자방법은 없을까? 그 해답은 해외투자이다. 이제 우리는 과거의 우물 안 개구리 식 투자방식에서 벗어나 글로벌시대에 맞는 '재테크 유목민'으로 거듭나야 한다. 결국 살아남는 종種은 강한 종도, 지적 능력이 뛰어난 종도 아닌, 변화에 가장 잘 대응하는 종이라는 말도 있지 않은가. 투자도 마찬가지다. 변화에 빠른 투자자가 더 많은 투자기회를 잡을 수 있다.

떠오르는 신흥투자지역으로 세계시장의 주목을 받아온 글로벌이머징 마켓, 특히 매년 8% 이상의 경제성장, 2008년 베이징올림픽, 2010년 상하이만국박람회 및 위안화 절상으로 100년 만에 한 번 오는 투자

기회를 가지고 있는 중국은 전 세계에서 가장 큰 투자시장으로 변모하고 있다. 이미 발 빠른 세계의 투자달인들은 중국을 거세게 공략하기 시작했다. 이런 상황에서 중국이라는 거대한 투자시장을 바로 옆에 둔 한국인들이 가만있어서야 되겠는가. 적극적으로 공략하여 수혜를 받아야 마땅하다. 중국뿐만 아니라 유럽과 일본, 인도와 베트남 등도 투자자에게 매력적인 투자기회를 제공한다. 한 국가의 주가가 떨어졌다고 하여 관심의 끈을 놓을 것이 아니라, 지속적으로 관심을 갖고 내릴 때 투자하고 오른 후에 빠져나오는 똑똑한 전략이 요구된다. 실제로 수익률을 따져보면 2004년에는 남미지역에 투자한 펀드들이 최고수익률을 기록했고, 2005년에는 일본과 동유럽 투자 펀드들이, 2006년에는 중국 펀드들이 상위권에 올랐다. 그렇다고 부화뇌동하기보다는 장기적인 안목으로 미래를 바라보는 자세가 필요할 것이다.

세상 어디에도 투자자를 위한 교과서는 없다. 또한 완전한 투자라는 것도 없다. 스스로 공부하고 단련하여 최대 효과를 누릴 수 있도록 가능성을 높이는 게 최선이다. 세상은 넓고 투자할 곳은 많다. 우물 안 개구리에 머물러서는 찾아오는 기회를 놓칠 수밖에 없다. 이제 눈을 세계로 넓혀 보다 강력하게 밀고 나갈 수 있는 투자처를 찾아야 할 때가 아닐까. 우선 그 나라의 성장산업 및 유망종목을 꿰뚫는 냉철한 눈과 돈의 흐름을 읽는 예리한 시야를 가져야 한다. 일단 성장군으로 인정되거나 국가에서 준비하는 세계적인 국책사업 수혜주에 몸을 실으면 10배 이상의 수익도 올릴 수 있다. 결과는 여러분이 얼마나 노력하느냐에 따라 달라질 것이다. 이 책이 고수익에 목마른 투자자들에게 좋은 지침서가 되기를 바란다.

2007년 봄

강 창 균

| 차례 |

4장 ● 나만 알고 싶은 중국주식 20선

청도맥주 | 중국석유화학 | 패트로차이나 | CNOOC(시누크) | 화능국제전력 | 마안산철강 | 연화초시(연화슈퍼마켓) | 중국평안보험 | 중국인수생명보험 | 교통은행 | 중해발전 | 중국남방항공 | 중국국제항공 | 북경수도국제공항 | 차이나모바일(홍콩) | 차이나텔레콤 | 중흥통신 | 중국인민재산보험 | 중국통신서비스 | 홍콩중국여행사국제(홍콩국제여행사)

1장

해외주식으로 부자 된 사람들

부자가 되려면
해외주식에 미쳐라

남편이 중국 관련 무역회사에 다니는 관계로 평소 중국에 관심이 많던 37세의 주부 C씨. 비록 직장에는 다니지 않지만 남편이 벌어온 월급을 차곡차곡 모아 알뜰하게 재테크를 하는, 똑소리나는 주부였다. 어렵게 집도 장만하고 차도 구입했지만 아이들은 커오고 남편의 진급도 지지부진하자 미래가 걱정이었다. 남편이 실직이라도 당한다면 당장 있는 돈을 까먹으며 살아야 할 판이었다. 그러면서 조바심에 시달리기 시작했고, 어느 때부턴가 특별한 재테크에 목말라 있었다. 길고 긴 노후까지 생각한다면 벌 수 있을 때 최대한 벌어놓자는 욕구도 강했다.

매달 적금 형식으로 국내 펀드에 자금을 부어 3천만 원을 만들었으나 수익률이 양에 차지 않았다. 그러던 중 평소 안면을 트고 지내던 증권사 펀드매니저로부터 중국주식이 유망하다는 정보를 접했다. 처음에는 직접 투자도 고려했으나 종목을 볼 눈도 없고 정보를 얻을 루트도 마땅치 않았던 C씨는 펀드 쪽으로 눈을 돌렸다. 3천만 원 중 천오백만원은 그대로 국내펀드에 두고, 반을 인출하여 국내 모 증권사에서 개설한 차이나 펀드에 묻어두었다. 3천만 원 전액을 중국주식에 투자하기엔 못내 중국에 대한 불신이 마음에 걸렸다. 2006년 말 수익률을 확인한 C씨는 깜짝 놀랐다. 투자한 지 1년밖에 안된 중국주식의 수익률이 무려 50%에 육박한 것이다. 반면 국내펀드 수익률은 1년 동안 10% 안팎이었다. 3천만 원을 전부 중국펀드에 투자하지 않은 게 후회로 밀려왔지만 단기간에 이렇게 높은 수익률을 기록한 것으로 만족했다.

현재는 국내펀드를 해지하고 얻은 천오백만 원에 은행에 예치해둔 돈을 모두 찾아 중국펀드에 투자하기 위해 대기 중이다. 2007년 초 중국주식에 조정이 오면서 주가가 밀리자 더 떨어지면 투자할 생각으로 시기를 엿보고 있는 중이다. C씨는 내년 중국에서 올림픽이 열리는 사실을 염두에 두고 잘하면 대박도 가능하리라는 기대로 투자시기를 기다리고 있다. 중국펀드에 대한 믿음은 확실하지만 그래도 돌다리도 두드려보는 심정으로 최적 투자타이밍을 엿보고 있는 것이다.

위의 사례처럼 최근 몇 년 사이, 우리나라 투자자들의 해외 주식에 대한 관심은 가히 '열풍'이라 부를 수 있을 만큼 뜨거웠다. 열풍의 이유는 두 말할 것도 없이 높은 수익률에 있다. 특히 브릭스BRICs(브라질, 러시아, 인도, 중국) 지역에 대한 관심은 대단했다.

중국은 이미 국내 투자자들의 주요 관심사로 떠오르고 있다. 갖가지 호재를 안고 있는 중국주식은 2006년 이미 고수익을 주었고, 향후에도 전망이 밝아 발 빠른 투자자들의 주요 수입원이 될 전망이다. 국내의 많은 전문가들도 2007년 이후 가장 유망한 상품으로 중국주식을 들고 있다. 철광석 생산량이 세계 2위인 것을 비롯해 많은 금속광물의 주산지인 브라질 증시의 상승 원동력은 유가를 비롯한 원자재였다. 세계 최대의 원유 수출국인 러시아 역시 2000~2003년 세계 증시의 침체기 속에서도 꾸준히 상승했다. 이들 두 나라의 주식을 이끄는 대표적인 산업은 에너지와 소재 산업이다. 절대적인 비중을 차지(브라질 59%, 러시아 78%)하는 이들 산업에 주식을 투자한 한 펀드는 소위 '대박'이 났다.

인도 기업들도 2005년 이익(EPS)이 21%에 이르렀다. 다만, 2006년에는 이보다 약간 낮았고 2007년 추정치는 16%일 정도로 점점 증가세 둔화 양상을 보이고 있지만 투자 메리트는 여전하다. 베트남도 주요 투자국으로 떠오른 지 오래다. 베트남 VN지수는 2006년 40% 가까이 상승했다. 시장규모도 12조에서 20조 규모로 성장했고, 하루 평균 거래대금도 증가추세다.

이처럼 2006년부터 본격적으로 불기 시작한 해외펀드 열풍은 좀처럼 식지 않을 전망이다. 오히려 투자 가능국이 증가하고 투자금도 기하급수적으로 늘어날 가능성이 많다. 앞으로는 해외주식에 관심을 갖는 사람들이 한국 부자의 행렬에 진입하게 될 것이다.

02

금융의 엘도라도인
중국주식을 주목하라

중국과 관련하여 중소기업을 운영하며 평소 재테크에 관심이 많던 사업가 C씨(48세). 중국의 가파른 경제성장 덕에 사업이 나쁘지는 않았지만, 눈에 보이는 투자기회를 놓치고 싶지 않았다. 그에게 재테크는 사업과는 또 다른 재미를 주는 관심 이상의 공부거리였다. 실제로 평소 사업과는 별도로 투자처가 생기면 부동산, 주식, 채권 등에 장기로 투자하여 쏠쏠한 재미를 본 그였다. 높은 경제성장률과 더불어 올림픽과 박람회 등 굵직굵직한 행사를 눈앞에 둔 중국주식은 그야말로 보기도 좋고 먹기도 좋은 떡이었다. 경제신문만큼은 매일 빼놓지 않고 챙겨보던 터라 투자타이밍이 임박했음을 직감할 수 있었다. 사업상 중국 출장이 잦아 믿을 만한 정보를 얻기도 쉬운 그였다. 중국에 대해서 누구보다 잘 안다는 점도 그에게는 강점으로 작용했다. 처음에는 직접 투자를 고려했다. 그만큼 중국주식에 확신을 갖고 있었지만, 사업이 우선이었기에 펀드를 중심으로 직간접 투자를 병행하는 쪽으로 마음을 굳혔다.

2005년 가을 가지고 있던 부동산을 정리해 중국주식 투자를 시작했다. 부동산을 처분하여 확보한 자금은 20억. 20억 중 10억은 차이나펀드에 간접으로, 10억은 올림픽 관련주로 꼽히는 건설업종과 보험 관련 업종에 직접 투자했다. 만만치 않은 금액이었기에 웬만한 사람이라면 투자할 엄두를 못 냈겠지만, 그에게는 중국에 대한 확신이 있었다. 그럼에도 불구하고 금액만 따져봤을 땐 역시 큰손다운 투자였다. 주식을 묻어둔 상태로 사업에 집중했다. 그에게는 사업에 집중하는 것 자체가 중국주식의 동향을 파악하는 일이기도 했다. 사업을 하다보니 사람도 만나고 중국의 경제지표도 매일 눈에 들어왔다.

2006년 말 계좌를 확인한 그의 얼굴엔 함박웃음이 피었다. 직접투자로 무려 100% 이상의 수익률을, 간접투자로 55%의 수익률을 기록했기 때문이다. 무엇보다 자신의 판단이 옳았다는 생각에 무릎을 치며 기뻐했다. 사업과는 또 다른 기쁨이었다. 사업도 잘 되고 투자도 성공적이었으니 그에겐 일석이조 효과에 겹경사라 할 만했다.

중국주식에 장기로 투자한 그였지만, 2007년 초 중국주식 조정설을 접한 그는 2006년 말 일단 보유하고 있던 주식을 매도해 차익을 실현했다. 아무리 주식이 올랐어도 매도하지 않으면 진정한 수익으로 볼 수 없다는 게 그의 지론이다. 매도 후 깊은 조정이 오자 또 한번 자신의 판단에 스스로 대견해했다. 조정이 끝나자 차익을 뺀 나머지 20억을 고스란히 다시 묻었다. 그에게 조정은 위험요소가 아니라 저점매수의 기회였다. 다시 매수한 종목도 있고, 일부 갈아탄 종목도 있었다. 이번에는 보험과 통신주, 올림픽 수혜주로 불리는 여행주에도 일부 자금을 투자했다.

알 수 없는 게 주식이지만, 이번 조정을 끝으로 올림픽 이후까지 더 이상의 조정은 없으리란 판단이다. 지금까지는 워밍업이었고 이번에야 말로 진정한 투자고수의 면모를 보이겠다고 벼르고 있다. 내심 그에게 중국주식은 사업을 뒷받침해주는 든든한 우군으로 자리 잡은 지 오래다.

평소 필자에게 주식 문의를 자주 해오는 32세의 직장 여성 K씨의 경우도 극적이다. 현재 사귀는 남자친구는 없지만, 언젠간 만나게 될 남자를 꿈꾸며 그 전에 한푼이라도 더 모으기 위해 깐깐하게 수입과 지출을 통제했다. 주변에서는 짠순이라고 놀리는 경우도 있었지만 거기에 개의치 않고 월급을 받는 족족 은행에 예치했다. 통장에 돈이 모이는 것은 기분이 좋았지만, 은행 이자라는 게 말이 그렇지 물가상승률 등을 고려하면 거의 제로에 가까웠다. 하지만 은행을 제외하곤 문턱도 밟아본 경험이 없어 혹시 원금을 날리면 어쩌나 하는 마음에 7년 전 개설한 정기예금에만 매달려 오던 터였다.

그런데 K씨를 자극한 건 직장동료 A였다. 투자에 관심이 많던 A는 전환사채라는 것에 투자했는데, 주가가 폭등하여 2년 만에 80%의 수익을 거뒀다는 것이다. 그녀보다 알뜰하지도 않고 짠돌이도 아닌 그가 결국 그녀보다 더 많은 돈을 모은 것이다. 이 소식을 접한 K씨는 필자에게 득달같이 달려와 주식을 추천해달라고 졸랐다. 이때 필자는 종목을 선정해주지 않고, 중국주식에 관심을 가질 것과 투자법을 공부할 것을 주문했다. 물론 선물로 약간의 팁을 주었다.

이 일이 있은 후 3개월, K씨로부터 전화가 걸려왔다. 자신의 방법을 과감히 바꾸기로 결정했다는 내용이었다. 열정이 지나쳐 보여 마음을 먼저 추스를 것을 주문했지만, 이미 불붙은 그녀의 마음을 되돌리기는 힘들었다. 그래서 약간의 팁을 더 주었다.

그녀는 3개월간의 공부 끝에 자본의 일부라면 위험성이 조금 높아도 투자할 만한 가치가 있다고 느꼈다. 증권사를 통해 상품을 알아보던 중 차이나펀드가 눈에 들어왔다. 돈이 모이는 곳에 기회가 있다는 것쯤은 그녀도 이미 터득한 후였다. 몇 년 전 중국주식이 폭등하여 여기에 투자한 일본인들이 엄청난 수익을 거뒀다는 기사를 본 기억도 어렴풋이 떠올랐다. 펀드매니저의 추천을 받아 과감히 정기예금을 해지하고, 2/3는 국내 펀드에 1/3은 중국 펀드에 투자했다. 그녀로서는 일생일대의 대모험이었다. 이런 대모험에 너무나도 저돌적인 그녀의 모습이 조금은 불안하기도 했지만, 그녀가 건네 준 포트폴리오를 확인한 순간 기우라는 생각이 들었다. 지금으로부터 1년 전 일이다.

국내와 해외에 분산 투자하여 1년 만에 받아든 두 펀드의 성적표는 사뭇 달랐다. 중국 펀드 수익률이 국내 펀드 수익률에 비해 무려 6배나 높았던 것. 흥분한 그녀는 국내 펀드를 해지하고 투자금 모두를 중국 펀드로 옮길까도 생각했지만, 비율을 적절히 나눠 포트폴리오를 구성한 후, 현재는 월급을 받으면 대부분을 중국 펀드에 묻어두고 있다. 언론에서도 매일 중국주식에 대한 기사를 쏟아내고 있어 그녀의 부푼 꿈은 식을 줄 모른다. 그녀는 매일밤 중국에서 돈을 실은 배가 들어오는 꿈을 꾼다.

중국의 경제성장률은 세계 최고 수준이다. 계속되는 수급 여건 호조에 높은 경제성장률을 바탕으로 증시가 고성장세를 지속하고 있다. 특히, '차이나 펀드'는 2006년 단연 해외 펀드의 절대 강자였다. 수익률이 최고였고, 판매에 있어서도 타의 추종을 불허했다. 전 세계 증시를 놓고 봤을 때도 지역별 펀드 수익률 선두였다.

한편, 2007년 1월 15일 처음 발의되어 4월에 법안통과가 최종확정된 해외펀드 비과세혜택(기존에 부과되던 15.4%의 세금감면)은 해외주식투자 열풍에 더욱 부채질을 할 전망이다. 이 조치는 외환 시장 대책으로 출현한 것이지만, 직전 취해진 1.11 부동산 대책과 맞물려 정부의 기조가 '부동산 완화' 및 '외환 안정'에 초점이 맞춰져 있음을 알 수 있게 한다. 좀 더 구체적으로 말하면 해외 부동산 확대 및 포트폴리오 투자 확대로 요약할 수 있는데, 이 같은 정책은 국내 부동산 열기의 해외 방출 효과와 해외 펀드를 향한 자금 이동에 더욱 속도를 붙게 할 것으로 보인다.

정부는 부동산 시장 안정과 관련해 개인의 해외 부동산 투자 한도액을 300만 달러로 확대했으며, 해외 포트폴리오 투자 확대 측면에서는 '해외 투자 펀드에 대한 양도 차익 비과세'와 '해외 펀드 판매 요건 완화' 등의 조치를 취했다. 특히 위에 설명한 양도 차익 비과세 소식은, 그동안 해외 펀드 수익이 너무 좋아 걱정(?)이었던 국내 주식투자자들에게 큰 환영을 받고 있다.

2006년초 1억을 중국 펀드에 투자해 수익률 58%를 달성한 A씨의 경우, 고수익에 기뻐하다가 뒤늦게 자신이 금융 소득 과세 대상자가 된다는 사실을 알고 충격을 받았다. 금융 소득 중 4000만 원을 초과하는 1800만 원에 대해 다른 소득과 합산해 누진 세율을 적용받았기 때문이다. 이는 국내 펀드가 수익금 중 배당차익에 해당하는 부분만 과세 대상으로 잡히는 반면, 해외 펀드는 주식 양도 차익을 포함한 수익금 전체가 과세 대상이 됐기 때문이다. 실제로 2006년까지만 해도 중국이나 인도 펀드에 투자해 고수익을 올린 투자자 중 금융 소득 종합 과세 대상자가 된 경우는 적지 않다. 그러나 이젠 세稅테크 방법을 고민할 필요가 없어졌다.

전문가들은 약 29조 원으로 추정하고 있는 해외 펀드 및 역외 펀드로 자금이 이동하는 현상은 앞으로 더욱 확대될 것으로 보고 있다. 양도 차익 비과세 대상이 되는 순수 해외 펀드 규모는 약 5조 원 정도로 추산된다.

이와 관련, H투자증권은 2007년 1월 31일 '선진국으로 갈수록 대외 투자 규모는 커지기 마련'이라며 '국내 경제 규모 등을 감안할 때 GDP 대비 해외 자산 비중은 최소한 2배 이상 늘어날 수 있다.'고 밝혔다.

'브릭스' 중에서도 중국의 약진은 단연 돋보인다. 2001년 12월 WTO에 가입한 중국에 대해 5년이 넘은 지금까지 '개방 수준이 기대에 못 미친다'는 지적도 있지만, WTO 가입이 중국 성장의 동력으로 작용한 것만은 틀림없어 보인다.

2001년 중국의 무역액은 5096억 5000만 달러였다. 그러나 5년 후 (2006년 11월 기준)에는 1조 7645억 달러로 3배 이상 증가했다. 외환 보유액은 WTO 가입 당시 2121억 달러에 머물렀으나 1조 달러를 넘어 세계 1위를 차지했다. 같은 기간 국내 총생산(GDP)도 10조 9655억 달러에서 20조 2674억 달러로 늘어나 영국을 밀어내고 세계 4위에 올랐다. 중국의 전 세계 GDP 비율은 2004년 4%에서 2025년 15%, 2050년에는 28%(《키스톤 인디아》, 앵거스 매대슨 지음)에 이를 전망이다.

증권 전문 그룹인 M에셋의 발표에 따르면, 중국의 세계 경제 성장

비중은 24%로 세계 1위(2위 미국 : 18%)이다. 구매력 평가 부분은 세계 2위, 외국인 직접 투자는 세계 1위(535억 달러, 2003년)를 차지했다. 그러나 거대한 경제 규모와 고성장의 지속에도 불구하고 아직 중국의 1인당 GDP 규모(2005년 기준)는 20년 전 한국의 수준과 비슷하다. 다만, 주식 시장이 경제보다 오히려 더 큰 잠재력을 갖고 있다는 점을 놓쳐서는 안 된다. 2003년 각국의 GDP 대비 시가 총액은 미국이 1.6, 호주가 1.4, 한국이 0.7인 데에 비해 중국은 0.4이다. 즉, 고성장세에 비해 주식 시장이 성장 잠재력을 반영하지 못하고 있다는 것을 의미한다.

중국은 WTO 가입 이후 약 5년 동안 2000여 가지 법률 조례 개정을 통해 국내 시장 개방과 외국인 투자자에 대해 안도감을 주기 위해 노력했다. 파스칼 WTO 사무총장이 중국의 양허안 이행 성적을 '종합적으로 보면 A+'라고 평가했을 정도이다. 특히, 경제 발전을 강화하는 데 매우 중요한 요소로 평가하는 보험 산업 육성의 경우, 중국은 2005년 현재 82개 보험회사 중 절반인 41개가 외자 보험사(지점 등의 영업 기구 400여 개)이다. 중국은 이들 외자 보험사 등을 통해 외환 보유고를 대폭 확대, 홍콩 소재 해외 자산운용사 등을 이용한 국제 금융 시장에서의 영향력을 계속 확대하고 있는 중이다.

관련 자료에 따르면, 2006년 1월~9월 중국 보험회사가 벌어들인 보험료 총 수입은 실로 막대하다. 3168억 위안(400억 달러)에 달하며, 전년 동기 대비 13% 성장한 수치다.

이에 따라 중국의 보험사 주식은 투자자들에게 대단히 매력 있는 주식으로 급부상했다. 미국의 세계적 주식투자가인 '워런 버핏'이 2003년 12월 홍콩 주식 시장에 상장된 중국생명(CHINA LIFE) 주를 사들인 후

10년 보유를 실천하고 있을 정도이다. 이 주식은 지난해만 이미 3배 이상(3년 동안 5.4배) 상승해 홍콩 주식 시장 최고의 상승률을 기록했다. 이와 관련, 중국 보험감독위원장은 "2010년까지 중국의 보험 산업은 앞으로 매년 15%씩 성장할 것"이라고 말했다.

S증권 기업분석부의 중국인 연구원 L씨는 중국 시장의 성장 배경을 크게 '중국 정부의 시장 개혁 의지'와 '중국 경제의 펀더멘털 강화'에서 찾는다.

"중국 정부의 금융 시장 개방을 통한 시장 선진화 추구가 비로소 효과를 보고 있는 것이지요. 최근 금융주가 잇따라 기업공개(IPO)에 성공하고 있는 게 그 예입니다. 또, 중국 정부가 발표한 지표에 따르면, 일부 산업에서 과열 투자 양상이 진정세를 나타내고 유동성도 줄고 있는데, 증시 수급이 최근 급격하게 늘고 있는 것도 이러한 거시경제에 대한 낙관 덕이지요."

L 연구원은 위안화 평가 절상 요소도 외국인 투자자들에게 중국 증시가 매력적으로 보이는 이유라고 밝힌다. 완만한 절상책만 유지한다면 투자자 입장에서는 환차익을 덤으로 가져갈 수 있기 때문이다. 실제로 중국 상하이종합지수는 연일 기록을 갈아치우며 2006년 말 5년 만에 최고치를 기록했고 2007년 들어서도 강한 상승세를 이어가고 있다.

전문가들은 2007년의 중국 시장 전망과 관련, 경제성장률과 위안화 절상 등을 고려하면 1인당 GDP가 2000달러에 달할 것이라고 내다보고 있다. 특히, 상하이上海와 베이징北京의 1인당 GDP는 각각 7600달러와 6600달러에 달해 한국의 1990년대 초반 수준에 이를 것으로 예측하고 있다. 이는 2008년 베이징 올림픽 등과 맞물려 대도시 고소득층

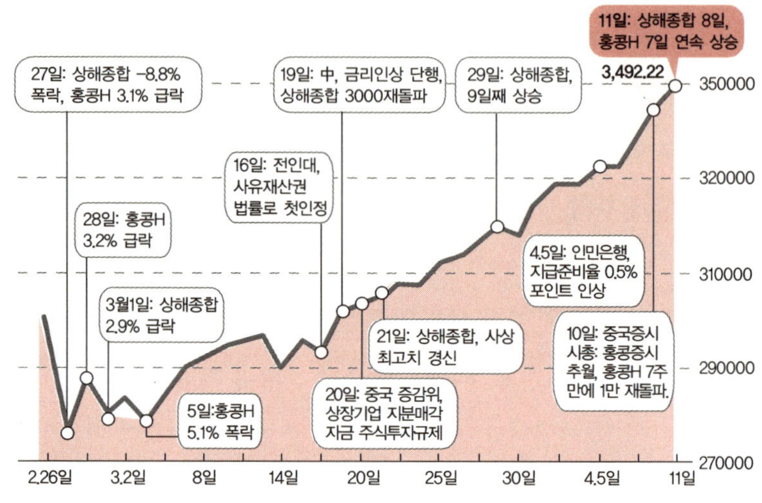

을 중심으로 '소비 붐'이 이어질 것을 감안한 수치이다.

다만, 중국은 외국 자본에 대한 세재 혜택을 없애 내국 자본과 외국 자본 간에 경쟁 체제를 갖추도록 방침을 정한 것으로 알려져 있어 이것이 어느 정도 영향을 미칠지를 점검해 볼 필요가 있다. 이와 관련, L경제연구원은 '2007년 중국 경제 7대 이슈' 보고서를 통해 '3월의 전국인민대표대회全人大에서 기업 소득세법이 개정돼 이르면 연내에 시행될 수 있다.'면서, 현재 외국인 투자자들은 '2면 3반감'(누적 기준으로 이익이 실현된 해부터 2년 동안 세금을 면제받고, 이후 3년은 50%를 면제받는 것) 혜택이 적용되지만, 이 법이 시행되면 중국 현지 기업들과 똑같이 25% 안팎의 세금을 내게 된다고 밝히고 있다.

그러나 2008년 베이징올림픽, 2010년 상하이엑스포와 아시안게임, 그리고 서부 지역 대개발 계획 등을 통한 중국의 약진은 앞으로도 계속 될 것이라는 전망에 이견을 다는 사람은 많지 않다. 개혁과 개방 정책의 진전으로 놀랄 만한 경제 성장을 거듭하고 있는 중국에 올림픽 특수까지 더해지면, 그 성장의 폭이 예상 이상일 것이라는 것이 대체적인 시각이다.

'힘의 이동'을 읽는 자가
미래의 부를 지배한다

'월가(미국 뉴욕의 금융가)의 인디애나 존스'라는 별칭을 듣는 세계적인 큰 손 '짐 로저스'는 지난해 11월 한국의 W투자증권 초청으로 방한한 자리에서 "19세기가 영국, 20세기가 미국이라면, 21세기는 중국의 시대"라고 말하면서 앞으로 10년 동안 위안화는 강세를 이어갈 것이라고 전망했다. 그러면서 중국 예찬론을 펼쳤다.

"지금까지 제가 구입한 중국주식들이 많지만 한 주도 팔지 않았어요. 계속해서 중국주식을 더 매입할 겁니다. 많은 사람이 달가워하지 않겠지만 중국은 세계의 리더가 될 것입니다.

저는 세 살 된 딸에게 제가 해줄 수 있는 가장 유용한 것이 무엇일까를 생각하다가 중국어를 배우게 했죠. 중국에 대해 눈을 뜨게 하기 위한 것인데, 100년 전을 생각해 보세요. 그때는 세계 공용어가 영어가 아니었지요. 제 딸은, 고용한 중국인 유모와 함께 24시간 함께 생활하고 있는데, 유모에게 딸과 대화할 때는 반드시 중국어만 사용하도록 하고 있습니다.”

그는 가장 유망한 업종을 꼽아 달라는 한국 기자들의 요청에 항공주, 관광주, 농업 관련주 등을 꼽았는데, 1999년 한국 방문 뒤 먹는 피임약 제조업체 3곳의 주식을 샀었으나 한국 주식시장이 강세를 보이자 2005년 모두 팔고 중국주식을 샀다고 밝히기도 했다.

짐 로저스는 1969년 28세의 나이로 소로스 금융제국의 첫 번째 헤드 펀드인 ‘퀀텀 펀드’를 만들어 이후 10년 동안 3365%의 투자 수익(같은 기간 다우지수는 20% 상승)을 거둔 인물로도 유명하다.

그의 말이 아니더라도 지난해 중국 펀드는 가장 좋은 성적을 냈다. 세계적인 펀드 평가사인 ‘리퍼 글로벌’에 따르면 2006년 한 해 동안 세계에서 펀드 수익률이 가장 높았던 지역은 중국이다. 증시 상승률(상하이거래소 60%)이 워낙 높다 보니 중국 투자 펀드의 평균 수익률도 덩달아 44.63%로 높았다. 홍콩, 대만, 싱가포르 등을 아우른 중화권 펀드 수익률도 30%를 넘었다.

국내 투자자들 역시 가장 많이 투자한 지역이 중국이다. 지난해 초만 해도 중국 투자 비중은 크지 않았으나 중국 증시 활황에 힘입은 ‘묻지 마’ 투자가 집중되면서 해외 펀드 투자액의 20%를 훌쩍 넘어 1위를 기록했다. 브릭스 지역 펀드를 포함하고 있는 글로벌 이머징 펀드와 아시아·태평양 펀드 내의 중국 투자 금액까지 포함하면 중국 투자가 단연 압도적이다.

물론 이러한 자금 흐름의 쏠림 현상이 강력해질수록 리스크 관리의 필요성도 커진다. 이와 관련, 농협의 K본부장은 “예전에는 제도적으로 막혀 있어 해외 분산 투자가 어려웠지만, 이제는 해외 투자를 통한 리스크 관리가 충분한 만큼 해외 펀드를 적극 활용할 필요가 있다.”고 설명한다. H증권의 Y부사장도 “국내 펀드와 해외 펀드를 적절히 조화해 고수익과 안정성을 동시에 충족시킬 수 있어야 한다”면서 “현 시점에서는 국내 펀드와 해외 펀드 비중을 35 대 65 수준으로 가져가는 게 좋아 보인다”고 덧붙였다.

G증권 L팀장은 “지난해 10월 이후 중국 본토 증시와 홍콩 증시의 괴리가 커지기 시작했다”며 “변동성이 큰 중국 본토의 움직임에 따라 투자 전략을 세우는 우를 범해서는 안 될 것”이라고 말했다. 그는 이어 “홍콩 H지수에 비해 변동성이 큰 상하이지수를 보고 투자하게 될 경우, 기대 수익률이 지나치게 높을 수도 있다”며 “반대로 폭락할 경우 과도한 실망감에 빠질 수 있다”고 덧붙였다.

한편, 지난해 11월 ‘중식 주식투자, 아직도 유효한가?’라는 주제로 강연회를 연 바 있는 중국주식 전문 사이트 ‘C스톡’은 올해 3월 16일 ‘중국주식, 아직도 유효하다’라는 주제로 다시 강연회를 가졌다. 지난해 11월의 강연회가 활황세를 보이던 중국주식 투자에 대해 점검해 보자는 것이었다면, 이번 강연회는 지난 2월 27일의 ‘검은 화요일’ 충격에 따른 중국 투자 우려에 대해 전문가의 견해를 듣는 자리였다. 이 강연회에서 K 대표는 “최근 중국 증시의 폭락은 또 다른 매수 타이밍으로 볼 수 있다”며 “이른바 ‘차이나 쇼크’로 중국 펀드에 투자했던 국내 투자자들은 자신들의 펀드 수익률도 비슷한 수준으로 폭락했을 것이라는 우려했겠지만 사실과는 다르다”고 설명했다.

실제로 펀드 평가를 전문으로 하는 Z사는 중국 펀드 20개의 2월 27일 평균 손실률은 1.6% 정도였다며, 이는 적지 않은 하락이긴 하지만 상하이지수와 비교해 볼 때 비교적 양호한 수준이라고 분석했다. 이는 국내에서 판매되는 대부분의 중국 관련 해외 펀드들이 홍콩에 상장된 중국 기업들로 구성된 홍콩 H주와 중국의 국영 기관들이 직·간접적으로 소유한 홍콩 상장기업들로 구성된 R주에 투자하기 때문이라는 것이다.

이와 관련, G증권이 조사한 자료에도 국내에서 판매된 중국 펀드의 90%정도는 홍콩 H주와 R주에 투자하는 펀드들인 것으로 나타났다. 즉, 중국 펀드는 H주 투자형에 57.7%, R주 24.4%, 홍콩주 4.9% 등 모두 89.1%가 홍콩 관련 증시에 투자됐다. 이에 따라 중국 펀드에 투자했을 경우 비교 대상이 되는 벤치마크를 'H지수'로 삼아야 한다는 지적이 나오고 있다.

참고로, 중국의 주식 시장은 크게 중국 내륙 주식 시장과 홍콩 주식 시장으로 나누어져 있다. 중국 내륙에는 상하이와 선전에 두 개소의 증권거래소가 있는데, 두 시장 모두 A주식 시장과 B주식 시장이 있다.

A주는 소유 주체에 따라서 '국가주', '법인주', '사회 개인주', '기업 직공 개인주'로 구분된다. 국가주는 중앙정부나 지방정부가 기업공개 발행 전에 발기인 형식으로 투자한 기업의 지분(대부분 국유 기업의 정부 참여 지분)을 말하며, 법인주는 기업이나 법인 자격의 사회 단체가 정부의 허가를 받아 투자 매입한 주식이다. 사회 개인주는 개인이나 법인이 증권거래소를 통해 취득한 주식이며 주식 총 발행액의 2.5% 이내에서 발행된다. 기업 직공 개인주는 우리사주와 비슷한 유형이며 발행 후 3년이 지나야 내부 직공 간 거래가 가능하다. 그러나 사회 개인주와 기업 직공 개인주만 증권거래소에 상장되어 거래가 가능하며, 국가주와 법인주는 거래가 불가능하다.

B주는 중국 경제의 발전과 해외 자본을 직접적으로 유치할 목적으로 외국인과 기관투자가의 거래 가능 주식으로 시작했으나 6년 전 내국인 투자를 허용했다. 액면가는 인민폐로 표시되지만 상하이거래소에서는 미국 달러로, 선전 거래소에서는 홍콩 달러로만 호가 거래가 가능하다.

같은 종목의 A와 B주식 소유자는 각각 회사법에 근거해 동등한 권리와 의무를 가지지만, 발행 때와 상장 뒤 B주식이 A주식보다 할인돼 거래된다. B증시는 그동안 내국인 투자가 제한돼 거래가 매우 부진했으며 그 결과 같은 기업이 발행한 것이라도 B증시에 상장된 주식은 A증시에 비해 주가가 절반을 밑도는 것이 많았다.

A주는 중국 내륙인 전용, B주는 외국인 투자전용으로 구분해 운영해 왔으나, 2001년 2월부터 B주에도 내국인 투자를 부분적으로 허용했으며, 2002년 12월부터는 A주에도 QFII(적격 외국 기관 투자자) 제도를 통해 외국인 투자를 제한적으로 허용했다. 중국은 단계적으로 A, B증시를 통합할 계획이다.

외국인들이 주로 관심을 갖는 중국주식은 홍콩 증권거래소에 상장되어 있는 H주식과 '레드칩(R주식)' 두 가지다. H주식은 대부분 우량주들로 구성돼 투명성이 상대적으로 높은데다 에너지 · 소재 · 산업재 등의 업종이 차지하는 비중이 70%를 넘어 중국 경제의 성장 동력을 가장 잘 반영하고 있다. 이에 따라 외국인들은 대부분 이 H주식에 투자하고 있다. 레드칩은 중국 정부와 국영 기업이 최대 주주로 참여해 홍콩에 설립된 기업들의 주식을 말한다.

이밖에 중국주식으로는 GEM(IT 등에 관련된 신흥 하이테크 기업 중심 주식), P주(중국 본토의 사기업 주식) 등도 있다.

한편, G증권 펀드리서치팀장인 L씨는 '최근 10개월 간 중국 관련 지수를 비교해 본 결과, 중국 본토 증시와 홍콩 증시 간에 차이가 크다는 것을 발견했다'며 '중국 펀드의 경우 홍콩 증시와 유사한 흐름을 보였다'고 밝혔다.

"10개월 간(2007년 2월 9일 기준) 중국 관련 증시의 흐름은, 중국 본토 증시인 상해A주(125.5%)와 상해B주(104.1%)의 수익률이, 홍콩 증시인 H주(43.9%)와 R주(54.6%)의 수익률보다 훨씬 높았습니다.

해외 투자자들이 중국주식 투자에 가장 많이 활용하고 있는 벤치마크 지수는 MSCI차이나지수입니다. MSCI차이나지수와 H지수의 상관관계는 0.97에 이를 만큼 유사하죠. 반면, 상하이A지수는 MSCI차이나지수와 상관관계가 0.34에 불과했습니다. R지수는 MSCI차이나지수와 상관관계가 0.92로 높은 수준이었지만 H지수보다는 낮았습니다. 참고로 상관관계가 1이면 두 지수는 정확하게 일치한다고 봐도 됩니다."

MSCI지수란 미국의 모건 스탠리 캐피털 인터내셔널Morgan Stanley Capital International사가 작성해 발표하는 세계 주가지수를 말한다. 글로벌 펀드의 투자 기준이 되는 대표적인 지표로 최초의 국제 벤치마크인데, 특히 미국계 펀드 운용의 주요 기준으로 사용되고 있다. 미국 · 유럽 등 23개국 선진국 시장을 대상으로 한 선진국world 지수와 아시아 · 중남미 등 28개국 신흥 시장을 대상으로 한 EMFEmerging Market Free 지수로 크게 구별되며, 아시아 · 라틴아메리카 · 유럽 등 각 지역별 지수와 각국별 지수가 있다.

지수 산출 방법은 각국 주식 시장 전체의 시가총액 60%를 반영하는 종목을 선정한 다음, 이들 종목의 시가총액을 합해서 구하는데 주가 등락과 환율 변동에 따라 각 국가별 편입 비중이 매일 변한다. 외국 투자 기관들이 해외에 투자할 때 각국별 투자 비중을 결정하는 기준으로 MSCI지수에서 특정 국가의 비중이 높아지면 외국인 투자가 확대될 가능성이 그만큼 커지게 된다.

한국 시장이 포함되는 지수로는 '신흥시장지수', '아시아지수', '극동지수' 등이 있다. 이 중 한국 증시를 가장 잘 설명해 주며 해외 펀드들이 한국 시장에 투자할 때 투자 판단으로 삼는 대표적인 지수가 신흥시장 대상의 '신흥시장지수', 즉 EM(Emerging Market) 지수이다.

최근 펀드 시장에서 일고 있는 가장 큰 변화는 국내 펀드에서 이탈한 자금들이 해외 펀드로 몰리고 있다는 점이다. 2007년 2월 경우, 국내 주식형 펀드에서 7100억 원이 넘는 자금이 빠져나갔지만, 같은 기간 해외 펀드에는 6400억 원 이상이 유입됐다. 더욱이 정부가 역내에서 설정된 해외 주식형 펀드에 대한 비과세 방침을 확정하면서 이 같은 추세는 더욱 힘이 더해질 전망이다.

해외 펀드가 인기를 끌고 있는 이유는 그동안 보여준 높은 수익률에 있다. 실제 중국주식 시장에 투자하는 '봉주르 차이나펀드1'은 2006년 한 해에만 65%에 달하는 수익률을 기록했다.

H종합상사의 평범한 직장인인 H씨는 중국의 부동산 관련 주식에 집중 투자해 이미 크게 재미를 본 인물이다.

"오래 전부터 중국의 부동산 시장 흐름을 눈여겨보고 있었죠. 1998년 내수 시장부양을 위해 주택 사유화를 실시한 중국은, 이후 GDP 대비 부동산 개발 투자 비중을 매년 늘려 왔습니다. 이에 따라 주택 가격이 급등하고 개인 주택 보유 비율도 높아졌지요. 특히 경제 개발에 따른 도시화의 급진전으로 부동산 수요가 급증하는 현상을 보였는데, 이게 너무 과열되고 있다고 생각했는지 중국 인민은행이 과열 억제 조치(2004년 4월)를 취했습니다. 이 바람에 관련 주식이 하향 곡선을 그렸는데, 저는 이때야말로 기회라고 생각했지요."

H씨는 기업 가치에 비해 저평가되어 있는 주식이 어떤 것인지를 알아내기 위해 이곳저곳 돈 들여가며 자문을 구했다. 만류하는 이도 없지는 않았지만 H씨는 일단 속도가 붙은 부동산은 정부나 은행이 억제 정책을 편다고 해서 쉽게 수그러들지는 않을 것이라고 보고, 투자 결심을 바꾸지 않았다.

그의 예상은 적중했다. 인민은행의 대출 정책 강화에도 불구하고 이해 하반기 중국 부동산 개발 투자는 30% 증가하는 양상을 보였다. 수요 확대로 개발 비용이 늘어나자 부동산 가격이 큰 폭으로 상승하고 주가가 뛰었다. 여기에 위안화 절상으로 부동산 투자는 가만히 앉아 있어도 수익이 커지는 식이었다.

그러나 그는 2005년 봄 중국의 국무원을 중심으로 한 7개 관련 기관이 공동으로 부동산 가격 안정을 위한 종합 대책을 수립했다고 발표하자 재빨리 잔량을 처분했다. 그러고는 거기에서 얻은 수익을 바탕으로 장기적인 관점에서 석유화학, 통신, 전자 관련 기업 주식에 투자해 놓고 지금은 쉬고 있는 상태다. 하지만 나머지 여유 자금으로 조만간 내년 2008 베이징올림픽을 겨냥해 그것과 관련된 수혜주를 찾아 투자할 것이라고 밝힌다.

홍콩 H증시를 통해 중국 본토 기업 주식에 1억 원을 투자한 L씨의 경우는, 지금 현재 자신의 통장에 실제로 수익금이 입금되어 있는 것은 아니지만 그 이상으로 즐겁다.

"2005년 처음 투자할 당시만 해도 중국 기업 관련 분석 자료를 구하기가 힘들고 중국 정책의 방향성을 잘 몰라 해외 투자에 자신이 없었어요. 이 때문에 두 달여 전문가에게 조언을 구하느라 돈 좀 들었죠. 그렇게 해서 베이징 올림픽 수혜주, 위안화 절상 수혜주, 해외 기관 및 개미 투자자들이 집중 공략할 수 있는 주식, 중국 정부의 정책 방향 수혜주들을 선별해 2~3가지 종목에 투자했는데 기다리는 중이에요. 최근의 '차이나 쇼크'로 불안함이 없지는 않았지만 투자할 때부터 마음먹은 대로 올림픽이 끝나는 시점을 전후로 매도할 예정입니다. 수익 규모야 뭐 매도 시점이 결정해 주겠지요."

항공, 운수산업 등의 주식에 손을 대 큰 돈을 번 S씨는 자신의 고수익 비결을 차별화 전략에서 찾는다.

"우리 같은 일반인은 중국 기업에 대해 정확하게 알기가 어렵습니다. 그래서 위험한 직접 투자보다는 증권사를 통한 간접 투자 방식을 선호하는 것 같습니다. 특히, 국내에서 외국 주식을 살 때는 수수료 체계가 한국과 다르기 때문에 주식거래 주문을 할 때 개인은 매수 대금 전액을 입금해야 하지요. 일단 증거금으로 주식을 사고 잔금 결제는 매입일로부터 3일째 되는 날 하면 되는 한국과는 다르다는 것입니다. 또, 위탁수수료가 중국주식은 매매대금의 1.2%, 홍콩 주식은 0.8%로 국내 주식 거래보다 훨씬 비싸기 때문에 대부분 단기 매매는 피하게 마련이지요."

그러나 그는 여러 가지 불리한 조건에도 불구하고 단기 매매로 승부를 걸었다. 많은 사람들이 장기적으로 멀리 보고 주식에 투자하라고 하지만 그것만이 수익을 올릴 수 있는 방법은 아니라고 생각했다. 물론 그역시 단기적 투자가 옳다고 믿지는 않는다. 다만 단기 투자도 장점이 있고, 특히 중국주식의 특성상 단기적인 주식 매매가 더 유리한 종목이 많다고 판단했다. 하지만 그가 말하는 단기 투자란 한국에서처럼 하루에도 수십 차례 매매하는 데이 트레이더의 초단타 방식을 뜻하는 것은 아니다. 성장 속도가 빠른 기업, 현재의 매출과 이익률은 낮지만 발전 가능성이 충분한 기업을 대상으로 1년 이내를 매도 목표로 잡는다.

중국 현지에서 산 지 3년째인 한국인 A씨는 '중국주식의 장점은 변동폭이 크고 리스크가 많이 발생하지만 반대급부로 가치 상승률이 크다는게 가장 큰 장점'이라며 나름대로의 투자 요령을 설명해 준다.

그의 말에 따르면, 첫째 비싸지 않은 종목 중에서 투자할 종목을 고르라는 것. 신저가 종목 중에서 우선 저평가 이유(해당 업종 전반에 걸친 상황, 신용등급 등)를 알아보고, 실적 분석과 성장 가능성을 검토 후 투자대상 기업 수를 줄여나가는 방식으로 종목을 선택하라는 것이다. 두 번째는 무상증자가 예정되어 있거나 정기적으로 무상증자를 하는 기업 가운데에서 유망 종목을 선택하라는 것이다. 무상증자는 이익을 낸 기업이 주주들에게 주식으로 나눠 주는 것이므로 만약 어떤 기업이 매년 이익을 내면 투자자는 계속해서 무상증자를 받을 수 있다. 반면 주주가 일정한 금액을 지불하고 살 수 있는 유상증자는 주의할 점이 있다. 유상증자를 하기 직전 주가가 치솟았다가 유상증자를 하고 나면 주가가 떨어지는 경우가 있기 때문이다.

아무튼 이런저런 것을 종합해 볼 때 중국주식 투자에 대한 메리트는 여전하다는 것이 대체적인 시각이다. E신문 O기자는 '2006년의 이머징 아시아 시장에서 중국주식이 가장 돋보였다'며 '이러한 추세는 2007년에도 지속될 것으로 보인다'고 전망했다. O기자는 그 근거로 거시경제지표의 과열에 따른 긴축 정책에도 불구하고 안정적인 고성장이 지속될 것이라는 예상, 일부 산업의 투자 과열 추세 둔화 및 과잉 시중 유동성 완화 등의 거시조정정책 성과 가시화, 핫머니 자금이 감소세로 전환됨에 따른 위안화의 절상 완만화 추세, 중국 정부의 지속적인 산업구조조정 정책, QFII 등의 신규 계좌 수 재급증 등을 들었다.

04

투자자를 위한 축제,
올림픽 특수를 노려라

　서울 역삼동에서 고급 레스토랑을 운영하는 O씨. 88서울올림픽이 열리던 당시에는 시장 귀퉁이에서 조그만 식당을 운영했었다. 시장에서 장사를 하는 터라 뜨내기손님을 포함해 각계각층의 사람들을 만나기가 쉬웠고, 어느 순간부터 손님들의 대화를 통해 세상 돌아가는 상황을 파악하는 습관이 생겼다.

　1987년 봄 어느 날, 손님 중에 주식을 주제로 열띤 논쟁을 벌이는 소리가 O씨의 귀에 들어 왔다. 처음엔 재미 반, 습관 반으로 듣고 있었는데, 86아시안게임 직전에 묻어뒀던 주식이 1년도 안 돼 두 배나 올랐다는 말에 귀가 번쩍 뜨였다. 당시 재테크라면 매일 은행에 들러 전날 번 돈을 적금식으로 늘려가는 게 전부였던 O씨에게는 신천지를 발견한 것과 다름없는 충격이었다. O씨는 체면이고 뭐고 당장 손님 옆자리에 앉아 쉴 새 없이 질문을 쏟아냈다. 주식의 ㅈ자도 몰랐던 O씨에게 새로운 세상이 열리는 순간이었다.

알고 보니 당시 손님들은 장외주식을 거래하는 업자들로, 지나가 버린 기회에 대한 아쉬움 반, 다가올 올림픽에 대한 기대 반을 안주삼아 넋두리를 하는 중이었다. 다음날부터 그 손님들의 점심은 공짜였다. 점심을 공짜로 제공하고 하루에 조금씩 주식을 배웠던 것이다. 그렇게 주식공부를 시작한 O씨는 마침내 1987년 6월 1일 주식을 매수했다. 금액은 총 천만 원. 가게를 제외한 자신의 전 재산이나 다름없었다. 주식을 처음 매수한 날은 자신의 생일이기도 했다. 남편도 없이 식당일을 하느라 생일 한번 챙기지 못했었는데, 그 해는 주식을 스스로에게 선물함으로써 소위 조촐한 자신만의 생일잔치를 즐겼다.

당시 종합주가지수는 400포인트 내외였다. 1986년 연초만 해도 180선을 오르내리던 종합주가지수가 400포인트에 이르렀으니 이미 많이 오른 상태였으나, 대한민국에서 처음 열리는 올림픽이 자신에게 대박을 안겨 주리라는 확신을 버리지 않았다. 반드시 성공적인 올림픽을 치를 거라는 애국심도 발동했던 터였다.

그녀가 매수한 종목은 삼호건설이라는 건설주였다. 올림픽을 앞두고 주변에 새로운 건물들이 올라가고 있었는데, 마침 삼호건설이 공사를 진행하고 있었다. 외관도 멋지고 크기도 웅장했다. 삼호건설 매수가격은 3760원. 그 후 O씨의 관심사는 매일매일의 주가가 아니라, 근처에 공사 중인 건물이었다. 건물에서 나는 기계소리만 들어도 하루가 즐거웠다. 마치 자신의 주식가격이 건물처럼 쭉쭉 올라가는 것만 같았다고 당시를 술회했다.

등락을 반복하던 삼호건설은 올림픽을 지나면서 급등하여 89년 4월에는 고점인 20,200원을 찍었다. O씨가 주식을 매도한 날은 1989년 6월

1일로 고점을 찍고 다시 하락하던 시기였다. 자신의 생일에 사서 생일에 판 것이다. 잊고 있던 주식을 생각해낸 것도 생일 덕분이었다. 매도가격은 18,300원. 종합주가지수는 1000포인트 돌파를 시도하는 중이었다. 2년 만에 무려 4배가 넘는 수익률을 기록했다. 은행이자로는 감히 엄두도 내지 못할 높은 수익이었다. 당시를 생각하면 가게라도 팔아 묻어둘 걸 하는 후회가 밀려왔지만, 그것만도 O씨에겐 넘치는 행복이었다. 이후 가게를 확장하여 현재의 고급 레스토랑까지 키웠다.

O씨의 경우 소 뒷걸음치다 쥐 잡은 격이라고도 말할 수 있다. 하지만 꼭 그렇게 볼 수만도 없는 게, 조그만 식당을 현재의 고급 레스토랑으로 키워낸 O씨의 실력이다. 여자답지 않은 결단과 추진력이 현재의 O씨를 있게 했다. 투자의 세계에서는 꿈 꾸는 것만으로는 단돈 1원도 벌 수 없다. 실천만이 수익을 준다. 두려움을 극복할 용기가 없다면 아무리 좋은 기회도 그냥 흘러 보낼 수밖에 없다. 단, 충분한 사전조사는 필수라 하겠다.

일본의 경우를 보자. 일본은 도쿄 올림픽 개최 후 7년 동안 연평균 GDP 성장률이 10%라는 고공 행진을 지속했다. 한국도 서울 올림픽 이후 7년 동안 연평균 GDP 성장률이 9%에 이르렀다. 올림픽을 전후한 일본과 한국의 경제성장률에 비추어 보더라도 올림픽이 경기 상승을 가속화시키는 데에 얼마나 기여하는지 쉽게 이해할 수 있다.

올림픽이 주는 경제적 파급 효과는 주가에도 그대로 반영된다. 올림픽을 개최한 나라의 주가는 거의 예외 없이 지속적으로 가파르게 상승했는데, 1984년의 미국, 92년의 스페인, 96년의 미국, 2000년 호주에 이르기까지 예외 없이 주가가 대세상승을 이어갔다. 한국과 일본도 빼놓을 수 없다. 한국의 종합주가지수는 서울 올림픽이 개최되던 1988년 9월 17일 671.77포인트였으나 폐막 후 폭등하기 시작해 6개월 동안 지속 상승장을 기록했다. 그러더니 마침내 1989년 3월에는 종합주가지수 1,000포인트를 돌파했다. 일본의 경우에도 올림픽이 열리던 1964년을 전후해 주가가 250% 가까이 폭등했다.

가장 가까운 시일 내에 이 같은 올림픽의 효과를 누릴 수 있는 곳은 바로 중국이다. 물론, 올림픽을 앞둔 맹목적 투자의 부작용으로 올림픽이 끝난 뒤 경기가 급랭할 가능성이 있다는 분석도 있다. 그러나 이어 열리는 2010년 상하이 엑스포와 아시안 게임, 중국의 서부 지역 대개발 프로젝트 등 굵직한 세계적 이벤트가 줄줄이 대기하고 있어 성장을 뒷받침할 것이며, 그것은 고스란히 증시 호조로 이어질 것이라는 분석이 대체적으로 우위를 점하고 있다.

한마디로 최근의 중국은 '세계 자본의 블랙홀'이라고 부를 정도로 투자자들의 관심이 집중되고 있는 지역이다. 이와 관련, H경제신문은 글로벌 투자자들의 이목이 온통 중국 공상은행(ICBC)에 집중된 예를 들었다.

2006년 단행된 공상은행의 기업공개는 숱한 화제를 뿌리며 각종 기록을 갈아 치웠다. 상하이와 홍콩 증시에 동시 상장된 공상은행은 세계 증시 사상 가장 많은 219억 달러(약 22조 원)에 달하는 자금을 모았는데, 26억 달러를 투자해 공상은행 지분 5%를 사들인 골드만삭스는 불과 6개월 만에 39억 달러의 평가이익을 거두었다. 업계는 메릴린치와 UBS 등 공상은행 기업공개를 주관했던 기관들도 수억 달러를 벌어들였을 것이라고 입을 모은다. 또 공상은행 지분을 취득한 쿠웨이트 투자청, 카타르와 같은 중동 국가들도 천문학적인 수익을 거둔 것으로 알려진다.

공상은행에 앞서 중국건설은행, 중국은행 등도 상장에 나서면서 홍콩 증시는 뉴욕과 런던 증시를 능가하는 세계 1위의 자금 조달 시장으로 발돋움했다. 2007년에도 중국은 보험사와 증권사들이 대거 상장에 나설 예정이어서 글로벌 투자은행의 잔치가 될 전망이다. 세계 투자 은행들의 현대판 '골드러시'가 이웃나라 중국에서 일어나고 있는 것이다.

이에 앞서 중국은 2002년 말 QFII(적격 외국인 투자 기관) 제도를 도입, 2005년 4월 비유통주(국가, 지방정부, 국유 기업 등이 소유한 주식으로 주식 시장에 거래되지 않고 있는 주식) 개혁 착수 등으로 해외 유명 투자 기관들의 지속적인 투자 확대를 꾀하고, 중국 자본 시장의 내실화를 통한 긍정적 평가도 얻어 고도성장을 구가해 왔다. 이를 바탕으로 중국 상하이 증시는 2006년 90% 이상 급등하는 등 중국 증시에 대한 상승 기대감을 더욱 부풀게 했다.

물론, 중국 증시에 장밋빛만 있는 것은 아니다. 2007년 2월 27일, 상하이 종합지수가 전날보다 8.84% 폭락한 2771.79로 장을 마감하자 세계의 금융 시장이 요동했다. 다우존스 지수는 416.02포인트(3.29%) 내린 12,216.24에 거래를 마감했고, 나스닥 지수도 96.65포인트(3.86%) 내린 2,407.87을 기록했다. 지난 1996년 12월 16일 9.91% 하락률을 기록한 이후 10여 만에 가장 많이 떨어진 이 같은 중국 증시의 급락은, 저우샤오찬 인민은행 총재의 위안화 절상 시사 발언과 차이나텔레콤의 비용 증가, 시티증권 주요 대주주의 지분 매각 가능성 등 대형주의 악재, 여기에 딕 체니 미국 부통령을 노린 것으로 보이는 아프가니스탄의 폭탄 테러 소식 등이 겹쳐 투자 심리에 악영향을 미쳤기 때문이다.

3월 초순까지 불안 사태가 계속되고 있는 중국발 증시 쇼크에 대해 J 교수(영국 캠브리지 대학 경제학)는 앞서 말한 저우 인민은행 총재의 발언 등 직접적인 요인 외에, '지난 10여 년 동안 중국의 수출 주도 고성장을 가능케 한 미국 경제의 호황이 곧 끝날 것이라는 위기감 때문'이라고 분석했다.

그의 말에 따르면, '2000년 후반 인터넷 주식의 거품이 꺼지고 2001년 9.11 사태로 투자 심리가 위축되자 미국 정부는 이자율을 한때 역사상 최저인 1% 수준까지 낮춰가면서 경기를 부양했는데, 이자율이 낮아지면서 주택 담보 대출이 크게 늘어났고 부동산 가격이 치솟았다. 이에 따라 상당수 미국인들은 기존의 주택담보 대출을 저율의 대출로 갱신하면서 생긴 여유 자금으로 소비를 늘렸고, 부시 정부는 감세 정책 등으로 더욱 경기를 부양했다'는 것이다.

그러나 이러한 2000년대 미국의 성장 등식은 이제 깨지고 있다. 미국 소비자들은 주택담보 대출 상환 부담이 줄어든 만큼만 소비를 늘린 것이 아니고, 다른 빚까지 더 내어 소비를 늘렸다. 그 결과 미국의 가계 저축률은 1929년 대공황 이후 최초로 마이너스가 되었다. 정부 재정 적자도 국민소득 대비 3%에 달한다. 늘어난 가계 부채와 재정 적자로 미국의 경상수지 적자도 국민소득 대비 7%선이라는 역사상 최고치를 기록했다. 이에 따라 달러화가 계속 떨어지고 부동산 시장이 가라앉고 있으며, 기업 이윤도 하락세를 보이고 있다. 이렇게 미국 경제가 불황에 빠지게 되면, 미국 수출 시장에 크게 의존하는 중국 경제가 큰 타격을 입게 마련이라는 게 J교수의 주장이다.

그러나 세계 증시의 도미노 폭락 현상을 촉발한 2.27 차이나 쇼크는 열흘이 채 안돼 진정 기미를 보였다. 증시 전문 H기자는 '위안화 절상에 따른 중국 기업의 수출 경쟁력 약화에 대한 우려는 여전하지만 장기적으로 환율도 주식처럼 저평가된 나라의 것을 사는 게 맞다'며 '돈은 통화 가치가 올라갈 것으로 보이는 나라로 몰리기 마련'이라고 진단했다.

사실 2.27 쇼크를 뒤집어 보면 중국의 영향력이 이제는 '세계의 공장'이라 부르는 산업 영역을 넘어 금융 분야까지 확대되었음을 분명히 확인시켜 준 사건이라 할 수 있다. 이미 중국은 미국과 일본에 버금가는 경제 대국으로 급성장했으며, 증시도 일본과 홍콩에 이어 아시아 3위로 가장 빠르게 성장했다. 2006년 12월부터 2007년 2월까지 3개월 사이에만 상하이증시의 주가가 36%나 올랐다. 그만큼 세계 경제의 중국 의존도가 커졌다고 볼 수 있다.

05

일본에 다시 부는 중국주식 열풍

전 세계를 누비며 부동산을 사들이는 일본인의 투자습관은 이미 정평이 난 지 오래다. 미국을 비롯한 세계의 유명한 빌딩이 일본인의 손에 넘어갔다는 기사가 종종 터져 나오고, 하와이나 특정 국가 땅의 상당 부분이 일본인 소유라는 말도 들려온다. 일본인의 해외투자 붐은 어제 오늘의 일이 아니며, 부동산에 국한되어 있지도 않다.

이미 10년 이상 전부터 일본은 중국주식에 대한 관심이 높았다. 일본인 중에는 중국주식으로 소위 대박을 맞은 투자자들도 많고, 투자층도 두터운 편이다. 2000년대 초반 중국주식이 최고의 수익률을 기록하면서 관련 서적이 봇물을 이뤘고, 고수익을 올린 투자자들도 속속 등장했다. 당시 한국에서는 중국에 투자할 방편이 없어 일본에서 계좌를 개설하여 수익을 올리는 일부 투자자가 생겨날 정도였다.

증권사 부장을 역임하고 은퇴하여 현재는 전문투자자로 활동하고 있는 C씨(58세). 은퇴자금과 그동안 모은 돈을 합쳐보니 바로 운용할 수 있는 유동자산 5억이 손에 쥐어졌다. 2000년 초 일본에 사는 친척 계좌를 이용해 일본에 있는 홍콩주식 전문 증권사에서 계좌를 개설했다. 이곳을 통하면 수수료가 여타 증권사에 비해 저렴하다는 이점도 있었다. 높은 거래수수료와 환전수수료를 감안하면 리스크가 없는 것은 아니었지만 수익률에 대한 기대치를 생각하면 수수료는 큰 문제가 되지 않았다. 무엇보다 증권사에서 근무한 경력은 그가 앞으로 그려나갈 투자 이력에 엄청난 플러스 요인이었다.

당시 중국정부가 내국인에 대한 B주 투자를 허용하면서 중국의 부자들이 B주시장의 주식에 몰려들었다. 본래 B주는 외국인만 매입할 수 있었는데, 이 발표가 나면서 매수세가 유입되어 B주가 폭등을 했다. 초반엔 매수세가 너무 강해 매도를 찾아볼 수 없을 정도였다. 그러면서 수백퍼센트에서 수천퍼센트의 상승을 기록한 주식이 속출했고, 이 과정에서 C씨의 계좌도 덩달아 대박을 맞았다. 당시 중국방적기계, ST상하이영생데이타텍, 상하이보신연건, 상하이요화유리 등의 상하이B주는 99년부터 2001년까지 수천퍼센트의 상승률을 기록했으며, 심천B주까지 합하면 수백퍼센트 이상 오른 종목이 속출했다.

B주로 자신감을 얻은 C씨는 이후 2003년에는 홍콩 H주에 투자하여 단기에 300% 이상의 수익을 거뒀다. 그야말로 꿈같은 일이 일어난 것이다. 2002년말 2000포인트 아래에 놓여있던 홍콩H주는 5월 이후 폭등을 시작해 2003년 말에는 5000포인트를 돌파했다. 몇 개월 동안 250% 이상의 상승률을 기록한 것이다.

이렇게 하여 그가 2001년부터 2003년까지 3년 동안 거둔 수익률은

1000%에 육박했다. 곧바로 수십억대의 자산가로 등극한 것이다. 증권사에서 은퇴한 후 은근히 노후를 걱정하던 그는 일본에서 실행한 이 두 번의 투자로 편안한 노후를 보장받게 되었다. 평생 번 돈보다 3년 동안 번 돈이 몇 배나 많았으니 그의 즐거움을 무엇으로 표현할 수 있을까.

이후 C씨는 잠시 미뤄뒀던 해외여행길에 올랐다. 은퇴 후 막연한 불안감으로 하루도 쉬지 못했던 그였다. 여행 도중엔 주가의 변동을 확인하기 어렵기 때문에 주식을 모두 현금화 한 후 부인과 함께 전세계를 여행했다. 너무나 달콤하고 편안한 여행이었다. 솔직히 은퇴를 하면서 인생의 종착역에 도달했다고 생각했는데, 이제야 인생을 새로 시작하는 기분이라며 필자에게 감회를 전해왔다. 3개월간의 여행을 마치고, 다시 투자에 나선 그는 그후로도 고수의 면모를 보여주었다. 현재도 중국과 일본에 자금을 분산하여 투자하고 있으며, 여유로운 인생을 즐기고 있다.

우리보다 한참이나 앞서 해외를 공략한 일본은 투자를 통해 막대한 수익을 올리고 있다. 부동산은 물론 주식에 있어서도 정보교류가 활발하고 다양한 투자 노하우가 이미 축적된 상태다. 일본 여행 중에 알게 된 일본인 K씨의 사연은 그 단적인 예다.

도쿄 신주쿠에서 액세서리 전문점을 운영하고 있는 K씨(33세)는 평소 주식에 관심이 많은 젊은 사장이었다. 인터넷 주식 동호회 운영자이기도 했던 그는 중국주식에 대한 관심이 날로 높아지자 중국주식 코너를 따로 마련해 회원을 모으고, 전문가를 초빙해 매주 한번씩 오프라인 모임을 주최했다. 활동이 미비한 회원은 강제퇴출을 당할 만큼, 공부하지 않고는 주식투자를 하지 말라는 K씨의 의지가 강하게 작용했다.

초기에는 마땅히 투자할 종목이 없어 중국경제 전반에 관한 공부를 했고, 2000년부터 주가가 움직이자 어떤 종목을 공략할 것인지 머리를 맞대고 연구했다. 비록 전문가의 도움을 받았지만, 투자는 나 스스로 한다는 철칙을 지켰다. K씨뿐만 아니라 동호회 회원 모두 '공부는 같이, 투자는 따로'라는 원칙을 지켰다. 그게 자생력을 키우는 지름길이며, 스스로 투자하지 않고는 한번 성공할 수는 있어도, 지속적인 성공은 보장될 수도 없을 뿐더러 언젠가는 낭패를 본다는 사실을 회원 누구나 잘 알고 있었다.

그가 주목한 것은 성장동력이었다. 경제의 흐름이 정부의 정책에 의해 결정되기 쉬운 점을 감안하여 정부정책에 따른 향후 주가변동을 예측했고, 해당 정책이 어느 기간까지 주가에 영향을 미칠지 연구했다. 해당 기업의 재무구조와 업종의 성장성도 주목했다. 당시 일본에는 해외주식, 특히 중국주식에 대한 관심도도 높고, 그만큼 고수라 불릴 만한 사람들도 많았다. 그들과 함께 공부하면서 위험요소를 하나씩 제거하다보니 업종별로 대장격인 주식 3개가 최종적으로 낙점됐다. 그는 서두르지 않고 매수 적기를 기다렸다. 2000년 중국정부의 정책이 바뀌면서 중국주식에 불이 붙었다. 그는 이미 매수를 완료하고 주가가 오르는 것을 즐겼다. 동호회 회원들에게서도 높은 수익을 올리고 있다는 낭보가 줄을 이었다. 보유한 종목은 서로에게 비밀로 하고 2년 후 공개하기로 했다.

2002년 가을 K씨와 동호회 회원들은 각자가 보유한 종목을 공개했다. 사람마다 차이는 있었지만 놀랍게도 겹치는 종목이 많았다. 공부를 함께한 이유도 있었겠지만, 철저히 공부하다보면 대개는 비슷한 종목으로 모일 수밖에 없는 이유가 컸다. 또 그래야만 누구도 의지하지 않고 스스로 철두철미하게 공부할 수 있고, 매수뿐만 아니라 매도 시기도 잡을 수 있기 때문이다. 주식에서는 아무리 매수를 잘해도 매도 타이밍을 잡지 못하면 결국 수익이 줄어들거나 손실로 이어질 수 있다.

최근에는 베트남과 인도 등으로 관심영역을 확장해 역시 온오프라인 모임을 활발히 진행하며 정보를 교류하고 있다. 마찬가지로 매수 타이밍은 공유하되 매도 타이밍은 각자의 투자성향과 투자금에 따라 다르기 때문에 가급적 각자에게 맡기고 있다.

해외투자에 있어서 한국보다 한참이나 앞서가는 일본의 경우 이미 부동산과 주식으로 막대한 외화를 벌어들인 경력이 있다. 그들이 현재 가장 주목하고 있는 곳은 바로 중국이다. 중국 다음으로는 인도가 될지, 브라질 혹은 러시아가 될지 알 수 없지만, 그것은 차후의 일일 뿐, 현재는 돈이 모이는 곳에 관심을 집중하고 있다.

이제 우리도 해외투자에 대한 긍정적인 마인드를 가져야 한다. 세계 자본의 큰 흐름을 따라 자신의 자본을 이동시키며 보다 높은 수익률을 추구해야 한다. 한국만 고집해서는 더 큰 수익률을 올릴 기회를 놓칠 수밖에 없다. 정보력의 부재가 문제로 대두되지만 이는 자신의 노력 여하에 따라 얼마든지 극복할 수 있다. 신문지상에 오르는 기사를 보라. 하루가 멀다 하고 해외투자에 관한 정보가 실리고 있다. 투자금이 많고 여유가 있는 투자자라면 자신이 투자할 국가를 한번쯤 방문해 보는 것도 좋을 듯하다. 보다 깊이 있는 정보를 얻을 수 있을 뿐만 아니라, 보다 애정 어린 눈으로 투자처를 바라볼 수 있을 것이다.

06

자기만의 원칙과
투자스타일로 무장하라

해외주식투자 사례는 아니지만, 필자가 아는 국내 투자자들의 투자 성향을 통해 주식투자의 기본을 먼저 살펴보기로 하자. 해외주식이라고 하여 남의 말만 듣고 묻지마 식으로 투자하면 곤란하다. 지속적으로 수익을 올리고 싶은 독자라면 투자와 공부를 반드시 병행해야 할 것이다.

성공한 주식투자자로 많은 사람들의 부러움을 받고 있는 M씨는, 아무리 관련 자료가 많아도 그것은 참고 사항일 뿐 전적으로 믿어서는 안 된다고 강조한다. 가령 '가치 투자'라는 말도 말 자체야 그럴 듯하고, 국내에도 최근 열풍이 불어 서점에 수많은 책들이 깔렸지만 그 방식이 절대적인 것은 아니라는 것이다.

사실 어떤 주식이 가치 있는지를 판단하기란 쉽지 않다. 흔히 성장률이 어떻고 유보율이 어떻고 부채 비율이 어떻고, 또는 외국인 보유 비율이 어떻고 등을 내세우지만 그것으로 우량 기업 여부를 속단하면 낭패를 볼 수 있다. 만약 기업 가치나 실적, 재무구조 등 눈에 보이는 요소로만 주가가 결정된다면 훌륭한 기업 분석가의 정보를 습득해 쉽게 주식투자에 성공할 수 있을 것이다. 그러나 그런 재료는 단지 주가를 결정하는 참고 자료일 뿐 '주가를 결정하는 직접적인 요인은 매수세와 매도세에 따른 힘의 우열'이라고 M씨는 강조한다. 아무리 기업 실적이 좋아도 그 주식을 파는 사람이 많으면 주가는 떨어지고, 아무리 어느 회사가 부도가 나고 실적이 나빠도 그 주식을 사는 사람이 많으면 주가는 올라간다는 얘기다.

"주가는 수요와 공급에 따라 움직입니다. 단순하지만 중요한 이 사실을 주식투자를 처음 하는 사람들은 간과하기 쉬운데, 그게 바로 함정임을 알아야 합니다. 물론, 실적이나 재료 등이 주가에 영향을 미치는 것은 사실이지만, 그것이 주가를 결정하는 직접적인 요소는 아닙니다. 더욱이 내재 가치나 성장성을 바탕으로 주가를 예측하는 것은, 기관 투자자처럼 신속하고 많은 자료나 정보에 접근하기 쉬운 장기 투자자에게는 유용할지 몰라도, 그것이 어려운 일반 투자자에게는 가치투자가 바람직하다고만은 볼 수 없죠."

회계나 장부상의 수치를 믿을 수 없다는 것도 문제다. 여러 가지 법적·제도적 장치로 많이 달라지기는 했지만, 계열사가 많은 기업 집단이 자기들끼리 서로 보증을 서고 주식 지분을 나눠 보유하는 일이 지금이라고 해서 완전히 사라졌다는 뚜렷한 증거는 없다.

M씨는 가치 투자라는 말이 유행하는 것에 매우 비판적이다. 그는 '일반인들이 진정한 가치 투자를 할 수 있는 종목은 많아야 5종목을 넘기 힘들다'고 잘라 말한다. 그나마 기업 가치를 중시해 투자한 것이라면 장기적 관점을 갖는 게 바람직한데, '개미 투자자'들의 80%는 아직

도 겨우 몇 시간 정보를 검색해 종목을 정하고는 가치 투자나 장기 투자를 하고 있는 양 착각한다는 것이다. 워낙 호황이 대세라면 몰라도 조정을 받게 되면, 이들은 어느새 초심을 잊고 결국 큰 손해를 입은 채 처분하는 경우가 대부분이라는 것.

가치 투자로 돈 버는 방법이란 어찌 보면 단순하다. 기업 가치에 비해 주가가 낮을 때 사서 비쌀 때 파는 것이다. 따라서 주가가 폭락할 때 좋은 종목을 고를 수 있어야 하는데, 이때 산 가격보다 자꾸 떨어진다고 해서 조급해하지 말아야 한다. 단기 추세가 무너졌기 때문에 빨리 금세 회복되기를 기대해서는 안 된다. 유명한 가치 투자자들이 투자 기간을 최소 3년 정도로 잡는 것도 이 때문이다.

그러나 그것 또한 투자의 정석이라고 단언하기는 어렵다. 예를 들어 보자. 소위 우리나라에서 최고의 잘 나가는 기업이라면 삼전전자를 들 수 있다. 그런데 어떤 이가 그 주식 매입에 200만 원을 들여 4주를 샀다고 치자. 이를 과연 가치 투자, 우량주 투자라고 할 수 있을까. 물론 워낙 좋은 주식이니까 어느 정도의 수익은 기대할 수 있을 것이다. 그러나 그 이익이란, 기분 좋아 한 차례 저녁을 산다거나 여성에게 작은 화장품을 선물할 수 있는 수준이다. 그나마 그 경우는, 전망대로 기업 가치가 이어질 경우일 뿐 주식투자의 위험성을 고려한다면 차라리 은행의 정기예금에 가입하는 것이 유리할 수도 있다. "그럴 바에는 기업에 대한 기술적 분석을 익히는 공부에 투자하는 게 낫다"고 M씨는 말한다.

비슷한 예로, 리스크 관리에 있어서도 교과서는 있으나 그것이 교본은 아니다. 대체로 전체 자금을 10이라고 볼 때 아무리 확신이 들어도 6~7 이상은 주식에 투자하지 말 것을 가르치지만, 10을 투자했을 때의 이익과 6~7을 투자했을 때의 이익은 분명히 다르다.

주식투자에 불변의 진리는 없다. 흔히 '물 타기'를 하지 말라고 충고하지만 이것 역시 반드시 지켜야 할 사항은 아니다. 가치 투자를 추구한다면 오히려 물 타기 방식이 유용할 수 있다. 기업 가치가 우수하다는 확신만 있다면 자신이 산 종목의 주가가 떨어질 때 더 사는 것이 유리하다. 싸면 쌀수록 상대적으로 더 오를 여지가 많기 때문이다.

대표적인 가치 투자자인 H자산운용의 L전무는 과거 L음료 주식이 9만 원 정도 할 때 대거 매수했다. 그러다가 이 종목 주가가 6만 원 선까지 떨어지자 추가로 주식을 대거 사들여 비중을 두 배로 높였다. 기업 가치가 확실한 주식의 주가 하락은 결코 위험할 게 없다는 믿음 때문이다. 아니, 오히려 우량 기업의 주식을 저가에 매입할 수 있는 때야말로 '바겐세일'의 기회로 생각한다. 그는 주가가 떨어진다고 주식을 파는 손절매는 생각지 않으며 오히려 인내를 갖고 제 가치를 찾을 때까지 기다리는 방식을 택한다.

그러나 투자 스타일에 따라 지켜야 할 원칙은 다르다. 가치 투자를 한다고 해놓고 손절매를 한다거나, 추세 투자를 한다고 해놓고 물 타기를 하면 안 되는 것이다.

또, 단타로 성공하는 경우는 드물다고 흔히 말하지만 이것 역시 무조건 기피할 필요는 없다. 물론, 성공적인 단타 투자자라 함은 최소한 2년 이상 꾸준히 수익을 낸 경우를 일컫는다. 한두 달 단타로 돈 좀 벌었다고 해서 데이 트레이드의 귀재라 할 수는 없다. 오히려 증권사에 수수료만 벌게 해 주는 격이 되기 쉽다. 그러나 단타를 타고난 사람도 있다. 하루에도 수십 차례 거래한다는 초단타 주식투자자 L씨가 그 경우다.

L씨가 데이 트레이딩에서 가장 중요하게 생각하는 것은 재료(재료주 : 경제지의 호재성 보도나 공시 등으로 시가부터 상한가 진입이 예상되는 종목)가 확실한 종목을 선택하는 것이다. 이때 그가 정해 놓은 몇 가지 기준이 있다. 먼저 거래소 및 코스닥 등록 기업을 업종별로 분류해 기업 공개 자료를 검토한다. 그러면서 지난해에 비해 수주 실적이 좋아졌거나 큰 계약을 앞두고 있는 기업을 가려낸다. 이들 기업이 1차 투자 대상이다.

분류한 종목 중에서 이미 오른 종목은 사지 않는 것을 원칙으로 삼는다. 오르지 않은 종목이면서 주식 공시 난이나 전날 경제면을 통해 거론된 주식이 2차 투자 대상 종목. 이 종목 중에서 다시 매력 있는 종목을 골라 개장 30분 전에 '사자' 주문을 낸다. 목표 수익률은 3~5% 정도. 이때를 매도 타이밍으로 잡는다. 다만, 3~5%가 올랐는데도 사자 주문량이 계속 늘어날 경우에는 추가로 상승할 가능성이 크다고 보고 조금 더 기다린다. 그러나 10% 정도 수익률이 나면 더 이상은 망설이지 않고 '팔자' 주문을 낸다.

그가 말하는 단타 투자 성공 비결의 일단은 이렇다.

"시장이 상승 장세를 보일 때는 개장 후 30분 이내와 폐장 후 30분 전의 거래량을 관찰하는 것이 중요합니다. 특히, 외국인이나 기관투자자의 매매 동향을 살펴보고, 이들이 거래량에 비해 '사자' 주문을 많이 내는 종목을 선택하는 것이죠. 파는 타이밍은 거래량이 두 번 반등한 시점입니다. 왜냐하면 외국인이나 기관투자자들은 자본 여력이 풍부해 한 번 투자한 종목에 대해서는 보통 한 달 이상 지속 투자를 하기 때문이죠."

듣고 보니 그럴 듯하다. 충분한 자금으로 꾸준히 자신들이 산 종목에 투자하면 이를 잘 모르는 일반 투자자들로서는 그 종목이 계속 상승할 것으로 보고 따라 투자하게 될 것 아닌가. 그러다가 잘못 '상투'를 잡게 되면 물리고 말 것도 뻔한 일. 말하자면 어느 시점에서 어느 정도의 가격에서 '사자' 주문과 '팔자' 주문을 낼지를 결정하는 것이 문제인데, 이를 풀기가 그리 만만한 것은 아니다. 일반 투자자들로서는 어느 정도가 적정한 가격인지를 판단하기가 쉽지 않아 주가가 정점에 도달해 있을 때 비로소 용기를 내 사기 쉽다.

이와 관련, L씨는 자신의 주식투자 특징을 20~30개 종목에만 관심을 두는 대신, 이들 종목들은 1년 이상 관찰하며 해당 기업에 대한 모든 정보를 모은다고 한다. 소수 종목을 오랜 기간 연구하면 차트 움직임만 보고도 그 회사에 어떤 일이 일어나고 있는지 짐작할 수 있다는 것. 이렇게 해서 주가가 더 이상 하락할 수 없다고 판단되는 시점이 되면 기술적 지표를 무시하고 매수한다고 설명한다.

또 다른 성공적 주식투자자 H씨는, 이른바 '상한가 따라잡기'로 고수익을 실현한다. 그는 강한 테마를 형성한 종목이나 좋은 재료가 있는 종목이 상한가에 진입할 때 추격 매수해 하루나 이틀 정도 보유한 후 매도하는 전략을 펼친다. 상한가 종목 중에서도 '강한 상한가' 종목만 추격하는 데에 초점을 맞추는 것이 H씨의 투자 포인트.

그가 말하는 강한 상한가 종목이란 오전 9시에서 9시 20분 사이에 상한가에 들어가는 종목이거나 강한 테마(혹은 재료)로 부각된 종목을 말한다. 즉, 상한가로 치닫는 것이 타당하든가, 또는 상한가에라도 사고 싶은 욕구를 가질 만한 종목을 말한다.

상한가에 진입하는 속도는 빠르면 빠를수록 좋다. 매도 시점은 상한

매수 잔량이 급격히 감소하거나 동일 테마 내에서 후발 상한가 종목들의 상한가가 깨질 때. H씨의 말대로라면 항상 상한가에 매도하기 때문에 이익은 큰 반면 손실은 전혀 없다.

그러나 이러한 전략도 위험 요소가 없는 것은 아니다. H씨 스스로도 "특정 종목이 상한가에 진입할 때 체결 가능성이 적은 저가에 매수 잔량이 많이 쌓여 있다면 작전 세력의 허수 주문일 가능성이 크다. 또한 특정 증권사 창구로 지나치게 많은 매수 주문이 들어와도 마찬가지"라고 조언한다.

사실, 허수 주문의 역사가 어제 오늘의 일은 아니지만, 예나 지금이나 뒤따라 들어간 투자자들이 상투를 잡고 재산을 날릴 수밖에 없도록 그럴 듯하게 포장한다는 점에 있어서는 달라진 게 없다. 이들 세력의 종목은 매수에 참여해도 큰 수익을 올리기 어려울 뿐 아니라 세력 이탈과 함께 주가가 단기 급락하는 경우가 많다. 가격을 자유롭게 주무를 수 있는 큰 손들의 움직임에 편승해 수익을 올릴 수도 있는 것 아니냐고 반문할 수도 있다. 그러나 종일 화면을 쳐다보고 있는 직업적 데이 트레이더들도 이들의 의도나 움직임을 실시간 파악하기란 쉽지 않다. 자칫 어설픈 '이해'를 바탕으로 '큰 손 따라 하기'에 나섰다가는 큰 손실을 부를 수 있는 것이다.

물론, 같은 세력주라도 단순히 하루 이틀의 차익을 목표로 일정 주식을 매집해 주가를 띄우고 매수세가 모이면 주식을 처분하는 단타 세력이 있는가 하면, 큰 상승을 목표로 비교적 오랜 기간 주가를 관리하는 진정한 의미의 세력주도 있다. 그러나 후자 의미의 세력주와 그것을 움직이는 세력의 동향 파악, 그리고 증권사의 특성 파악 등을 통해 리스크를 관리하기란 일반 투자자들에게 여간 어려운 일이 아니다.

한편, '투자 정보 확인 후 선취매' 투자 방식을 택하고 있는 K씨는 증권 사이트나 신문 등에 소개되는 재료를 나름대로 확인하고 분류하는 방식으로 투자 전략을 세운다.

가령, 특정 기업의 신규 사업계획이나 워크아웃 탈피 등의 정보가 소개되면 해당 기업에 연락해 그것이 언제 확정되고 언제 발표될 것인지 확인 후 명단과 일정을 정리해 둔다. 상반기 결산 실적 발표 전후에는 지난해 적자 기업 명단을 모두 뽑은 뒤 일일이 해당 기업에 전화를 걸어 흑자 전환 예상 기업 명단을 만든다. '결산기에 주가 상승률이 가장 높은 종목군은 흑자 전환 기업'이라는 과거의 예를 토대로 투자 전략을 구사하는 것이다.

K씨는 재료 예상 종목을 이처럼 분류한 뒤 재료 발표 예상일보다 7~10일 정도 앞서서 주식을 사들인다. 물론 폭락 장세에서는 재료의 영향력이 낮기 때문에 매수 시기를 늦춘다. 외자 유치 등 단기적으로 대응해야 할 재료는 재료가 발표되기 3일 전에 현금 범위 내에서 매수하고, 재료 발표 2일 전에는 미수금까지 동원해 최대한 사들인다는 전략이다.

눈에 띄는 재료 보유 종목이 없을 때는 테마주를 이용한 투자에 나선다. 액면 병합이 호재로 작용할 때에는 병합 가능성이 있는 종목들에 전화를 걸어본 뒤 테마주에 편승하는 방식이다. 이때 '정보를 얼마나 빨리 활용하느냐가 승부의 관건'이라며 '먼저 주식을 샀다가 다른 사람들이 매수할 때 팔고 나오는 것이 수익을 내는 기본 방식'이라고 K씨는 말한다. 이에 덧붙여 '배당을 제대로 하지 않는 기업에는 투자하지 않는다'고 설명한다.

한편으로 K씨는 기술적 분석에는 그다지 관심을 기울이지 않는다. 20일 이동평균선 등의 그래프를 보조 수단으로 참고하기는 하지만 '재료가 나오면 시세가 움직이게 되므로 결국 그래프는 시세에 의해 만들어지는 것'이라는 설명이다.

문제는 이런 주식을 모든 투자자가 쉽게 살 수 있는 것은 아니라는 점. 재료의 가치를 분석해 그런 주식을 매수하고 못하고는 투자자의 능력이겠지만, 그 재료의 가치라는 것이 어느 투자 시점에서나 동일하게 반영되지는 않는다. 그때그때의 투자 환경이나 투자 시기에 따라 상대적으로 달라지게 마련이다. 가령, 아침 경제신문에 특정 종목의 실적 호전 기사가 나왔다고 해서 무턱대고 상한가 매수 주문을 낼 수는 없다. 자칫 단기 고점에 물릴 수 있는 위험이 있기 때문이다.

위에서 여러 예를 든 것처럼 주식투자 방법은 참으로 다양하다. 시황에 따른 차트 매매 · 순환매성 테마주 매매 · 재료 매매 방식 등이 있고, 이 여러 가지 패턴을 하나의 방법으로 고집하기보다 다양한 방식으로 위험을 분산시키는 고수들도 있다. 한 가지 분명한 것은, 이들 고수들도 공부하는 시간이 엄청나다는 것이다.

주도주만을 철저하게 공략해 주식투자에 성공한 것으로 평가받는 B씨는, 밤낮없이 경제 흐름과 관심 기업의 상황 등을 살핀다. 그야말로 눈을 떠서 잠자기 전까지 오로지 주식밖에 모르는 사람처럼 보인다.

그가 이렇게 열심인 것은 한마디로 말해 돈의 흐름을 읽기 위해서이다. 그의 말에 따르면 돈은 주도주와 테마주를 두고 돌기 마련이고, 주도주가 살아 있는 한 시장은 추세를 이탈하는 경우가 거의 없다는 것이다.

'뜨는 주식만 사고 판다'는 것이 소신인 그의 일과를 옮겨 보자.

'아침 8시면 어김없이 잠자리에서 일어난다. 컴퓨터를 부팅하고 증권사이트에 들어가면서 하루를 시작한다. 장이 마감(오후 3시)될 때까지는 밥도 거의 못 먹는다. 코스닥 시장은 점심시간이 없기 때문이다. 팽팽한 긴장 속에서 초를 다투며 시황(증시 현황)을 분석하고, 틈을 내 관심 기업의 주식 담당자에게 전화를 건다. 재무 상황 등을 물어보기 위해서이다. 제대로 식사를 하는 것은 저녁 때. 이후 다시 인터넷을 통해 경제신문과 일간신문을 분석한다. 인터넷에는 하루 전의 신문 내용이 실리기 때문이다. 그런 후 외국의 경제 동향을 살피고 다음날의 투자전략을 짠다. 잠자리에 드는 시간은 새벽 1시 안팎.'

B씨가 아니더라도 대부분 성공한 주식투자자의 공통점은 끝없이 공부를 한다는 것이다. 이들의 말을 요약하면 한마디로 주식 시장은 '총성 없는 전쟁터.' 전쟁터에서 살아남기 위해서 총기를 손질하고 부단히 사격 연습을 하는 것처럼 주식도 '죽기 살기로 덤벼들지 않으면 수익을 기대하기 어렵다'는 것이다.

"어떻게 하면 주식투자에서 성공할 수 있는지 참 많은 사람들이 질문하지만 그 어느 것도 완벽하게 믿을 만한 것은 없습니다. 갖가지 툴을 이용해 정밀하게 분석했다고 하지만 그 전문가들조차 잘못 진단하는 경우가 적지 않습니다. 결국 자기 판단에 믿음을 갖기 위해서는 열심히 공부하고 끝없이 노력하는 방법밖에 없습니다."

서두에 언급한 성공한 주식투자자 M씨의 말이다.

주식의 시가 총액이 100억 원대가 넘는 거부이자 '한국의 워런 버핏'이라 부르는 B씨도 비슷한 말을 한다.

"저는 15세 때부터 일식집 보조 요리사로 사회생활을 시작해 27세인 1985년 무렵 주식에 눈을 떴는데, 초기에는 숱하게 고배를 마셨죠. 당시 제가 일식집에 투자한 자금이 20억 원이었으니까 이 돈을 일식집 대신 S전자와 S텔레콤에 투자했다면 지금쯤 2,000억 원이 넘었을 텐데, 전문적인 지식 없이 시중 소문만 듣고 테마주에 '묻지마 투자'를 반복해 다 거덜 냈지요. 이후 저는 실패 사례를 철저히 분석하며 변신을 꾀했는데, 증권 투자 관련 서적이나 증권 전문가의 강의 같은 것은 거들떠보지도 않았어요. 분봉 차트 활용법이니 이동평균선 분석이니 하는 복잡한 주식 분석 방법은 너무 어렵기도 하지만, 스스로 공부하며 깨달아가야 한다고 믿었죠."

B씨는, 소위 '슈퍼 개미'들이 주로 증권사 출신이거나 상당한 자산가인 것과는 달리 독학으로 부를 창출한 입지전적인 인물로도 유명하다.

위의 사례들처럼 투자자마다 자기만의 방식과 원칙이 있다. 그 원칙과 방식을 지켰을 때만 수익이 따라온다. 섣불리 원칙을 깨거나 방식을 바꿨을 때는 그만한 대가를 치르기 마련이다. 똑같은 야구 선수라도 3루수가 하루아침에 외야수로 변신할 수 없듯 방식마다 고유의 특장점과 단점이 있다. 이처럼 원칙을 세우기 위해서는 공부가 필수적으로 따라와야 한다. 이 과정에서 주식투자의 성공과 위험요소를 체득할 수 있으며, 어떤 방식으로 투자할 것인지 계획이 선다. 해외주식에 투자할 때도 마찬가지다. 얼마큼의 금액을 어느 나라에, 얼마 동안 묻을 것인지, 직접투자와 간접투자 비율은 어떻게 나눌 것인지 등 선택해야 할 사항은 많다. 투자를 하면 할수록 디테일이 성패를 가른다는 사실을 뼈저리게 느낄 수 있다. 일례로 조정이 임박한 주식을 조정이 온다는 사실도 모른 채 오늘 사느냐, 조정이 마무리된 1주일 후 저점에 사느냐는 수익에서 엄청난 차이가 날 수 있다. 또 이런 습관이 쌓이고 쌓이면 똑같은 금액으로 투자했더라도 A와 B의 수익률은 천지차이가 날 수 있다.

투자는 결코 쉽지 않다. 섣불리 판단해서도 안 된다. 사람과 사람이 치열한 공방을 벌이는 전투장에서 수익을 얻으려면 그만큼의 준비와 노력은 없어서는 안 될 기본적인 자세다. 정보가 많은 국내주식도 그러하거니와 해외주식은 두말할 필요도 없다. 이 책을 시작점으로 하여 끊임없이 투자공부를 계속해 가기를 바라며, 공부가 충분하지 않았을 때는 투자를 미루는 편이 낫다고 생각된다. 혹시 펀드라고 하여 펀드매니저의 말만 믿고 투자하기보다는, 이미 투자를 했다 하더라도 자신이 묻어 둔 펀드에 대해서 자세히 알아두는 자세가 필요하다. 세상은 넓고 투자할 곳은 많다는 게 부자들의 공통된 견해다. 공부하지 않는 사람들은 누구나 접근이 가능한 정보만을 알게 되지만, 공부하는 사람은 미래에는 누구나가 접근 가능한 정보지만, 현재는 소수에게만 공개된 정보를 미리 습득하기 때문에 먼저 사서 묻어둘 수 있으며, 후발자들이 들어오면서 그 수혜를 톡톡히 누릴 수 있다. 주식에서는 특히 더 그렇다.

07

세상은 넓고 투자할 곳은 많다
뜨는 선진국 펀드

클린턴 전 대통령이 1992년 대선 당시 아버지 부시 대통령을 꺾고 백악관에 입성하는데 기여했던 다음의 간결하고 분명한 메시지를 기억하는가?

"문제는 경제야, 바보야(It's the Economic, stupid)!"

세계에서 부자가 가장 많은 미국도 경제에 대한 관심의 끈을 놓지 않는다. 아니 오히려 그 어느 나라보다 경제에 관심이 많다. 이제 경제는 경제학자나 일부 계층들만의 전유물이 아니다. 서민들에게도 최대 화두는 경제다. 모 기관의 조사에 따르면 한국인의 행복을 결정하는 가장 중요한 요소는 '돈'이라고 한다. 그것이 바로 우리의 현실이다. 물론 나쁘게 볼 필요는 없다. 남들보다 경제에 관심을 갖고 똑같이 직장생활을 하고도 더 많은 돈을 벌 수 있다면 누가 마다하겠는가. 돈 잘 버는 사람을 속물로 취급하던 시대는 이미 지났다. 불법도 편법도 아닌 정당한 방법으로 남들보다 노력하고 공부하여 얻은 대가를 누가 나쁘다고 할 수 있겠는가. 직장생활을 하면서 혹은 자기 사업을 하면서 재테크로 돈도 벌 수 있다면 보다 빨리 부자의 대열에 합류할 수 있다. 사실 월급만 모아서는 부자 될 확률이 거의 제로에 가깝다는 사실은 이 책을 읽기 시작한 당신이라면 이미 알고 있으리라 짐작된다. 자 그럼 부자들에게 요즘 인기가 좋은 해외펀드를 알아보자.

해외펀드의 인기가 날로 뜨겁게 달궈지고 있는 가운데 특히 2007년 3월 이후로 중국과 인도 등 이머징마켓으로 편중되던 해외펀드자금의 일부가 일본과 유럽 등의 선진 주식시장으로 분산되고 있다. 최근 일본, 영국, 독일 증시에 대한 안정성과 잠재력이 어필하면서 자산운용사들이 선진국펀드비율을 점차 높여가고 있다. 선진시장의 최대매력은 이미 수익률차원에서 충분히 검증됐다는 점이다.

최근 유로화 강세가 보여주듯이 유럽경제는 뚜렷한 회복세를 보이고 있으며 인수, 합병(M&A) 등을 통하여 기업실적도 상당히 좋아지고 있다. 내수경기 또한 활발하다. 그 실례로 2006년 기업들의 평균수익률은 8%에 달했다. 또한 우리나라의 원화와 상당히 비슷한 추세를 보이고 있어 유로화 환율 위험은 거의 없다고 봐도 무방하다. 특히 유럽은 분산투자기회를 제공하는 방어적 상품으로서 보수적인 성향을 가진 투자자에게 그 역할을 충실히 수행하고 있다.

유럽펀드는 2가지로 나눌 수 있는데, 서유럽 중심의 펀드와 러시아를 포함한 동유럽 중심 펀드가 그것이다. 따라서 유럽펀드를 선택할 때는 펀드의 특성을 먼저 잘 살펴보아야 한다. 예를 들어 메릴린치이머징유럽 펀드는 신흥시장으로 꼽히는 러시아(60%), 터키(12%), 헝가리(10%), 폴란드(10%) 등에 투자하며, 봉쥬르 유럽배당펀드의 경우는 프랑스(15%), 영국(33%), 네덜란드(15%), 이태리(11%) 등에 투자한다. 이 펀드의 경우 총자산의 60% 이상이 선진유럽 주식시장에 투자되고 있다.

올해 들어 일본펀드에 대한 관심도 높아지고 있다. 먼저 일본 경제가 걸어온 길을 간단히 살펴보자. 일본은 1964년 동경올림픽과 1970년 오사카 국제박람회를 거치면서 세계가 놀랄 정도의 무서운 기세로 경제가 성장했다. 주식도 최고치를 향해 연일 쉬지 않고 상승을 거듭했다. 그 당시 일본은 엔화 가치의 평가절상을 유발한 1985년의 플라자합의에도 불구하고 강력한 엔화의 힘으로 외국 기업들을 사들이는 등 세계를 호령했다.

하지만 1991년부터 부동산 거품이 빠지면서 금융회사와 기업들이 본격적으로 진통을 겪게 되고 이후 10년간 계속된 경기침체 및 심각한 디플레이션(저성장+저물가)에 빠지면서 하강국면을 맞았다. 비록 과도한 거품 때문에 1990년 초 이후 10년이라는 긴 고통의 시간을 겪기도 했지만 일본 제조업의 탁월한 기술수준과 강력한 경쟁력, 구조조정을 통한 금융시장의 안정과 이웃 국가인 중국의 지속적인 경제성장을 발판으로 2006년부터 일본 경제가 다시 회복되고 있다.

2006년 일본펀드의 최대 단점은 기대에 미치지 못하는 실적과 유럽의 절반에도 못 미치는 부진한 펀드성적에 있었다. 하지만 2007년에 접어들며 국내에서 판매 중인 비과세 일본펀드의 수익률이 유럽펀드를 앞질렀다. 추가적인 투자 겸 분산투자를 원하는 투자자라면 일본펀드에 관심을 높일 필요가 있다. 특히 일본은 경제회복 기대감으로 최근 닛케이지수가 6년 만에 최고치를 기록하는 등 수익률이 호전되고 있다.

수출이 살아나면서 일본경제는 '잃어버린 10년'을 뒤로하고 과거의 활기를 되찾고 있다. 특히 일본상장기업의 주당순이익 증가와 함께 단카이세대(일본의 베이비붐세대)의 퇴직이 예상되면서 대량의 금액이 펀드에 유입될 것으로 전망된다. 뿐만 아니라 2단계 구조조정에 의해 지속적인 기업이익 개선 및 민간부분수요에 지지되는 경기회복세가 예상된다. 이에 따라 일본은 오랫동안 침체에서 벗어나지 못했던 주식시장이 긴 잠에서 깨어나 견조한 오름세를 유지하고 있다.

일본펀드의 매력으로는 첫째 구조조정의 지속적 효과 및 해외비즈니스의 확대로 인한 기업이익의 증가, 둘째 2007년 이후 노동시장 환경개선의 효과로 임금개선효과, 셋째 제조업의 생산성을 비롯한 기업의 지속적 투자, 넷째 이머징시장이 소비시장으로 성장하면서 전 세계 경제에서의 중요도의 증가, 마지막으로 환차익을 노릴 수 있는 점 등을 들 수 있다. 특히, 엔화는 일본경제의 부활에도 불구하고 약세를 유지하고 있다. 그런 가운데 2007년 하반기부터 강세로 돌아설 것이란 전망이 지배적이다. 이렇게 되면 한국의 투자가들은 환차익까지 기대할 수 있다. 일단 엔화가 강세로 돌아서면 엔캐리 자금의 청산이 더 많아지면서 엔화의 절상폭은 더욱 커질 것이다.

또한 일본 리츠펀드는 안정적이면서 일반 주식형펀드처럼 언제든지 환매할 수 있어 유동성이 높다. 거기에 주가상승에 따른 추가수익까지 기대할 수 있다. 실제로 도쿄 및 오사카의 사무실 임대료와 주택가격은 최근 들어 상승세를 유지하면서 리츠 수익률이 고공행진을 하고 있다. 다만, 일본주식은 투자확대로 인한 고용환경과 기업실적이 개선됨에도 불구하고 경기의 진작속도가 느린 것이 문제점으로 지적되고 있다.

보수적인 투자자라면 아시안리츠 펀드도 추천할 만하다. 중국, 일본,

유럽펀드

펀드 명	운용사명	설정일
슈로더 유럽 주식 펀드	슈로더투신운용	20070226
신한BNPP봉쥬르유럽배당주식 2자(H)종류 A	신한BNPP운용	20070216
신한BNPP봉쥬르유럽배당주식 2자(H)종류 C	신한BNPP운용	20070216
PCA유러피언리더스주식재- 1클래스 A	PCA운용	20070215
우리 CSEasternEurope주식 classC2	우리 CS운용	20070129

일본펀드

펀드 명	운용사명	설정일
ING파워재팬주식투자신탁1호	ING운용	20070227
월드와이드 저팬종류형 주식투자신탁	한국운용	20070227
월드와이드 저팬우량기업 주식투자신탁	한국운용	20070227
ING파워재팬주식 1-종류A	ING운용	20070216
CJ Korea-Japan지수연계파생상품 3	CJ운용	20070215
PruJapan연계파생상품5	푸르덴셜운용	20070214
FT재팬플러스주식 - 자(A)	프랭클린운용	20070202
PruJapan연파생상품 4	푸르덴셜운용	20070131
한중일밸류주식 1 ClassC1	신영운용	20070131
한중일밸류주식 1 ClassCA	신영운용	20070131
프랭클린템플턴재팬주식형자(E)	프랭클린운용	20070122
PruJapan연파생상품 3	푸르덴셜운용	20070117
KB e-한중일인덱스파생상품클래스 A	KB운용	20070104
PruJapan연파생상품 2	푸르덴셜운용	20070104
KB e-한중일인덱스파생상품클래스 C	KB운용	20070104

호주, 홍콩, 싱가포르 등의 사업용부동산에 투자하는 펀드이므로 투자자산이 주식보다 안정적으로 움직인다는 장점이 있다. 임대수익을 얻는 사업용 부동산에만 투자하여 현금흐름이 안정적일 것으로 예상되므

로 좋은 투자대안이 될 것으로 보인다.

그리고 베트남펀드의 경우 최근 거품 논란과 함께 급락과 장기조정에 대한 우려가 제기되고 있지만, 거리는 두되 관심까지 끊어서는 안 된다. 주식이란 언제나 저점에 샀을 때 수익률 또한 그만큼 높아지는 것이기 때문에 저점을 잡아 투자하는 것도 한 방법이다. 대부분의 투자자들이 저점에서는 관심을 두지 않다가 한참 오른 후에 투자하는 성향이 있는데, 이는 고수들이 제시하는 올바른 투자법이 아니다. 참고로 국내에서는 유일하게 베트남 본토 증시를 공략하는 곳으로 한국운용의 베트남펀드가 있다.

여러 펀드를 고려해봤을 때 해외증시에 발 빠르게 대처하기 힘든 대부분의 개인들에게는 시장변동성이 상대적으로 낮은 유럽과 일본펀드가 적합해 보인다. 분산투자 차원에서 유럽과 일본에 골고루 투자하면 더 좋다. 특히 투자 다변화와 주식자산 위험분산 차원에서라도 여러 국가에 관심을 갖는 것이 좋다.

08

국민재테크, 변액연금으로
노후를 준비하라

한국인의 평균수명은 여성이 약 80세, 남성이 73세다. 의학의 발달로 평균수명이 계속 늘어나는 추세다. 정년퇴직을 55세로 잡는다면, 은퇴 후 약 30년을 '놀고 먹어야' 한다는 계산이 나온다. 대부분의 샐러리맨이 부모의 품을 떠나 홀로 서기를 시작하는 시기를 20대 후반으로 본다면, 돈을 벌 수 있는 시기는 55세까지 약 25년 정도를 잡을 수 있다. 25년 동안 번 돈으로 노후 30년을 포함해 총 55년을 먹고 살아야 한다는 말이 된다. 문제는 은퇴 후 30년이 될 것이다. 그래서 조기퇴직과 고령화로 인해 노후를 걱정하는 사람들이 최근 들어 부쩍 증가하고 있는 게 현실이다.

노후생활의 버팀목으로 생각했던 국민연금과 퇴직연금의 비중이 하루가 다르게 낮아지면서 거기에 대한 대안으로 개인연금이 최대관심사로 떠오르고 있다. 지난해 노동부의 '임금구조 기본통계조사'에 따르면 대학을 졸업한 평균 직장인이 30세부터 54세까지 벌 수 있는 임금 총액은 약 11억인 것으로 나타났다. 언뜻 많은 금액 같지만 주택마련비, 생활비, 자녀교육비 및 각종경조사비를 제하면 은퇴 후 손에 쥘 수 있는 금액은 그리 많지 않다고 봐야 한다. 이런 고령화 시대에 종신토록 일정 수입을 지속시켜줄 수 있는 최적의 노후준비책으로 보험사의 연금상품을 들 수 있다. 특히, 물가상승률을 고려할 때 안정성을 추구하면서도 시장금리보다 조금 더 높은 수익을 기대할 수 있는 변액연금에 관심을 가져야 한다. 특히 저금리시대에 일반연금보험보다 투자실적에 따라 연금을 더 받을 수 있는 변액연금보험이 주식시장 상승세와 맞물려 간다면 금상첨화일 것이다.

그렇다면 어느 정도의 금액을 준비하는 게 좋을까? 인생을 3등분할 때 30~50대의 30년간이 가장 생산적이고 활동적인 인생의 황금기이자 자신의 현재와 노년을 준비해야 할 결정적으로 중요한 시기다. 이 시기를 '생애 재테크'의 관점에서 본다면 '적립하고 투자하는 시기'라고 볼 수 있다. 보통 60세 이후에는 현 소득의 최소 70% 정도를 가져야 생활할 수가 있다고 한다. 따라서 현재 소득의 15~20% 정도를 노후준비용으로 비축해야 한다는 얘기며 국민연금으로는 20%, 퇴직연금으로 20%를 충당하고 나머지는 적립식펀드나 변액연금보험으로 마련해야 한다.

변액연금이란 문자 그대로 연금액수가 변할 수 있는 보험과 투자의 결합상품이다. 일반연금과 비교해서 더 받을 수도 있고, 적게 받을 수도 있다. 보험료의 일부를 펀드로 만들어 거기에서 나오는 수익으로 연금을 지급하기 때문에 금액이 변동되는 것이다. 선진국과 우리나라에서도 변액보험 등의 투자상품이 관심을 끄는 이유는 저금리 현상 때문이다. 금리가 낮기 때문에 주식에 간접투자하는 방법으로 더 높은 수익을 기대하는 것이다.

마지막으로 경제의 큰 흐름을 주시하며 시장이 주는 기회를 잡아야 한다. 2000년 코스닥시장이 불붙었을 당시 코스닥 종목은 어떤 것을 사도 무조건 돈을 번다고 이야기했다. IMF 때도 채권을 사면 마찬가지로 돈을 벌었다. 하지만 시장이 어려울 때는 아무리 노력해도 수익을 거두기가 힘들다. 초저금리 시대를 맞아 0.1%라도 높은 금리를 찾기 위해 사방으로 뛰어다니지만 큰 차이를 느끼기도 어렵다.

이렇게 기회는 시장에 의해 판가름 나는 경우가 많다. 다만 그것이 기회인지, 위험인지를 판단하는 능력은 준비와 경험에서 나온다. 시장이 주는 기회를 놓치지 않기 위해서는 남들이 가는 길을 따라만 가서는 안 된다.

샐러리맨이 알아둬야 할 노후 대비 재테크에는 법칙이 있다. 법칙을 무시하고 '감'에만 의존하면 실패할 확률이 높다. 금융기관에서 쏟아내고 있는 수많은 상품 중에서 선택과 집중을 해야 할 때, 재테크의 법칙을 알고 있다면 많은 도움이 될 것이다.

샐러리맨은 은퇴와 퇴직의 개념을 다르게 봐야 한다. 직장에서 정년퇴직을 했다고 하여 은퇴는 아니다. 일은 계속되어야 한다. 그것이 무엇이든 말이다. 샐러리맨에게 가장 현명한 노후 대비는 은퇴 시기를 늦추는 것이다. 여기서 은퇴란 아무 일도 하지 않고 그 어떤 생산도 하지 않는 시기를 말하므로 비단 경제적인 측면을 떠나 인생을 살아가는 데 있어서도 의미 있는 일이다.

30~40대라면 개인연금상품 가입부터 서둘러야 한다. 한 살이라도 젊을 때 가입하는 게 절대적으로 유리하다. 여기에는 복리의 마술이 숨

어 있기 때문이다. 생보사 통계에 따르면 40세에 매달 평균 26만 원씩 불입했다면 60세부터 종신토록 매년 480만 원의 연금을 받는 것으로 나타났다. 하지만 똑같은 상황에서 7년 정도 앞당겨 가입했다면 2배에 달하는 890만 원의 연금이 보장된다. 연금보험은 적립기간과 연금지급 기간으로 나뉘는데 적립 기간이 길수록 연금 지급액을 결정하는 연금 준비금 또한 복리로 늘어난다.

예를 들어 같은 종류의 개인연금에 가입해 10년 동안 보험료를 내고 60세부터 똑같은 금액을 연금으로 받는다고 가정해 보자. 20대에 가입할 때 보험료 부담이 100이라면 하루 이틀 미루다 30대에 가입하면 부담이 150으로 늘어나고 50세가 되면 부담은 400을 넘게 된다. 가입 시기가 얼마나 중요한지 금방 알 수 있는 대목이다.

최근 각 금융회사의 공시이율은 연복리로 4.6% 안팎이다. 우리나라에서는 몇 년 전까지만 해도 은행이 원리금을 보장해주는 정기예금 금리가 높았다. 따라서 열심히 일해 저축만 잘해도 목돈이 금방 모였다. 그러나 지금은 위험을 감수하고서라도 주식, 채권, 변액연금 등의 투자상품에 투자하지 않고서는 물가상승에 반하여 자산을 형성하기가 힘들어졌다. 저축의 시대가 가고 투자의 시대가 온 것이다. 이 때문에 저금리시대에 자산을 불려가려면 위험을 감수하고서라도 투자상품을 운용하지 않으면 안 된다.

09

변액보험으로
높은 투자효과를 노려라

변액보험은 이미 많은 사람들에게 '펀드에 투자하는 보험'으로 알려져 있다. 최근 보험사를 비롯해 은행 및 증권사에서 고객들에게 주로 판매하고 있는 금융상품이다. 일반적으로 예금이나 적금, 보험사의 금리연동형 연금상품은 '복리compounding rate효과'를 강조하며 소개된다. 반면 투자성 상품이라 할 수 있는 펀드 또는 보험사의 변액보험 상품들은 '복리효과' 개념을 적용할 수는 없다.

반면 펀드 등에 투자하는 투자형 상품에서는 복리효과와 같은 유형의 투자효과를 기대할 수 있는데 그것이 바로 '재투자효과Reinvestment effect'이다. 복리효과에서는 '이자에 대한 이자'가 붙는 것이라고 말할 수 있지만 투자성 상품은 수익이 재투자됨으로써 또 다른 수익을 창출하는 '재투자효과'로 복리효과를 대신한다.

선진국에서는 변액보험 등에 가입하면 우리나라에서처럼 과세당국으로부터 완전 비과세혜택을 받지 못한다. 미국에서는 변액보험에 가입하는 주된 이유가 물론 미래의 은퇴를 대비해서 연금을 받을 목적으로 가입하지만 또 다른 이유로는 '세금이연Tax-deferred효과' 때문이다. 미국에서는 금융상품에 투자했을 때 매년 붙은 수익에 대해서 세금을 내야 하는데, 변액보험에 가입했을 때는 은퇴목적이라 하여 과세당국에서 세제혜택을 준다. 그것이 바로 '세금이연' 혜택이다. 즉 붙은 수익에 대해서 당해 연도에 세금을 납부해야 하나 변액보험에서 발생한 수익에 대해서는 당해 연도에 세금을 내지 않고 있다가 추후 일정조건이 되어서 일시금으로 환매할 때 혹은 연금으로 받아갈 때 수익에 대한 소득세를 납부하는 것이 세금이연효과이다. 당해 연도에 얻은 수익을 세금으로 납부하지 않고 그 금액을 재투자하여 더 높은 수익을 창출할 수 있다는 장점이 있다. 우리나라에서 변액보험에 가입한 투자자들은 미국의 세금이연효과보다 더 유리한 '비과세효과'라는 극도의 절세 효과를 보는 셈이다.

아울러 변액보험은 하나의 상품에서 일반적으로 3~6개 종류의 다양한 펀드를 선택하여 가입할 수 있는데, 금융시장의 변화에 따라 펀드변경에 대한 수수료를 내지 않고도 펀드 간 이동이 자유롭다는 장점도 있다. 또한 펀드에 투자하므로 기본적으로 원금보장이 되지 않지만 향후 일정기간이 지나 연금으로 전환하여 연금을 지급받는 시점부터는 증권시장이 크게 폭락하여 원금보다 더 적게 되어 있다고 하더라도 고객이 그동안 납부한 납입보험료(원금)만큼은 최소한 보장을 받을 수가 있다는 안정성을 누릴 수가 있다.

일반적으로 펀드는 원금과 수익 전체에 대해서 연간 2.5%~3.0%대의 운용수수료 등을 매년 고객이 꼬박꼬박 부담해야 한다. 따라서 장기적으로 투자를 해서 목돈이 되었을 경우 높은 운용수수료는 큰 부담이 될 수 있다. 반면 변액보험의 경우 연간 운용수수료가 보험사마다 차이가 있지만 대략 0.7%~1.2% 수준에서 결정되므로 매우 저렴한 편에 속한다. 그러나 변액보험은 보험사가 고객이 납부한 보험료에 대해 초기 사업비라 하여 납입한 보험료의 4~6% 정도를 떼고 펀드에 투입하며, 기타 상품의 특성에 따라 각종 소소한 수수료가 붙게 마련이다. 물론 이러한 수수료 등은 보험사고의 발생 시 또는 만기 시 고객이 보험사로 받을 수 있는 각종 혜택에 대한 비용이라고 할 수 있으므로 결코 고객이 손해만 보는 것이라고는 말할 수 없다.

변액연금보험은 내가 살아있을 때 받는 보장으로 투자실적에 따라 재원을 적립한 후, 연금개시 연령이 되면 그 동안 적립된 금액을 연금지급 재원으로 하여 계약자가 선택하는 형태의 연금을 지급하게 되는 실적 배당형 상품이다. 변액상품은 투자 손실에 대한 책임이 계약자에게 귀속되지만, 변액연금의 경우 비교적 안정적인 노후자금의 확보를 목적으로 하기 때문에 투자실적이 발생하더라도 연금개시가 되면 기납입보험료를 최저 보증해 주는 반면, 소속된 펀드의 주식편입비율을 30% 이내로 가져가야 하므로, 높은 수익률을 기대하기는 어려운 단점이 있다.

변액유니버셜보험은 변액보험의 장점인 실적배당과 유니버셜보험Universal life Insurance의 장점인 자유입출금을 결합하여 만든 종합금융형 보험이다. 변액유니버셜보험의 가장 큰 장점은 고객의 투자성향에 따른 자산운용 형태를 직접 선택할 수 있고, 7개의 펀드를 자유롭게 변경할 수 있으며, 소속 펀드 중에는 주식편입비율이 90% 이내인 펀드까지 다양하므로, 시장상황에 따라 높은 수익률을 기대할 수 있다는 것이다.
또한, 보험기간 중 자금이 필요할 경우 계약자는 언제든지 해약환

급금 범위 내에서 적립금의 중도인출이 자유롭고, 연금전환 특약
을 활용할 수도 있다. 변액유니버셜의 경우, 원금손실의 가능성이
분명히 있지만, 장기적인 투자를 감안한다면 비교적 안정적이라
고 볼 수 있다. 보험료의 원금보장이 절대적인 요소라면 변액연금
을 선택하는 게 좋고 다소 손실의 위험을 감내할 수 있다면, 변액
유니버셜을 선택하는 것이 좋다.

2장

대폭발 직전의
중국주식에 도전하라

주식시장별 대표산업

5년 연속 연평균 20% 성장 : 부동산산업

많은 전문가들이 향후 중국 부동산 시세에 대해 공통적으로 '안정 속 상승' 이라는 전망을 내놓고 있다. 주중이朱中一 중국 부동산업협회 사무처장 겸 부회장은, 앞으로 10~20년 동안은 부동산산업 발전의 중요한 기회가 계속될 것이며 산업화, 도시화의 지속적인 추진과 국민소득 수준의 향상으로 중국 부동산산업의 발전을 이끌 것이라고 했다.

또한 중국증권보中國證券報에서도 '2006년 중국 부동산 금융 연례회의'에 참석한 한 전문가의 말을 빌려 다음과 같이 주장했다. 즉, 부동산 조정정책이 이미 1차적인 성과를 거두었으며 앞으로 약 20년 동안은 중국의 부동산산업이 '황금기'를 이어가 집값이 안정적 상승을 할 것이며 앞으로 조정은 재정, 세수, 금융적인 수단에 갈수록 편중될 것이라고 했다.

마찬가지로 외국인 투자자들은 여전히 중국의 부동산시장을 낙관하고 있다. 푸징쓰蒲敬思 CB리처드엘리스(CBRichardEllis, 싱가포르 컨설팅 회사) 중화권 총괄책임자는 중국 부동산시장을 낙관적으로 전망하며, 중국의 부동산시장의 미래가 매우 밝다고 했다. 중국의 부동산 투자수익은 아시아 다른 나라보다 좋고, 적지 않은 외국인 투자자 기관들이 베이징北京, 상하이上海, 청두成都 등 도시의 사업용지 및 거주용지에 눈독을 들이고 있으며 항저우杭州, 닝보寧波, 다롄大連, 선양瀋陽, 칭다오青島 등 경쟁력 있는 2급 도시에 대한 외국인들의 관심도 갈수록 높아지고 있다는 분석이다.

그렇다면 왜 세계자본은 중국 부동산으로 몰리는가? 사실 세계의 3대 부동산 거품이라고 할 수 있는 미국, 일본, 동남아 및 홍콩의 충격이 채 가시지도 않은 상태에서 다시 중국 부동산의 시장성에 눈독을 들이는 것은 부동산산업의 활황이 경제성장을 자극하는 중요한 요인이 되기 때문이다.

그리고 이미 버블 붕괴를 경험한 나라들에 비해 중국은 1990년대 초반에 주택사유화가 이루어졌다는 점에서 주목할 만하다. 1990~2000년대의 도입기, 2001~2005년의 1차 고도성장기, 2006년 부동산산업의 구조조정기, 2007~2010년 2차 고도성장기에 진입, 2011~2020년 완만한 성장 사이클 진입, 2020년 이후 쇠퇴기 등으로 중국 부동산산업의 5단계 발전과정에서 볼 때 현재는 정확히 그 중심에 있다. 그래서 중국 부동산업에 대한 관심이 집중되어 있고, 우리나라를 비롯해 외자유입 국가가 늘고 있는 것이다.

궁팡슝方雄 JP모건체이스(JP Morgan Chase) 사장 겸 대중화지역 수석

이코노미스트는 "앞으로 3년 동안 중국의 부동산주에 투자하는 것이 가장 좋은 선택이 될 것"이라면서 "앞으로 3년간 위안화의 절상 여지가 매우 크며 위안화 평가절상폭이 30~40%일 경우 부동산 시세의 연평균 상승폭은 10% 안팎이 합리적"이라고 전망했다.

외국자본들이 중국 부동산업에 눈독을 들이는 데에는 그만한 이유가 있다. 하버드대학 주택연구센터의 자료에 따르면, 금리와 기타요인이 부동산시장에 영향을 주지만 가장 결정적인 영향을 끼치는 것은 인구 수라는 것이다. 즉 인구구조의 변화에 따라 부동산 수요가 결정되며 부동산 경기 사이클 변화와 가장 상관관계가 높다는 것이다.

그런 점에서 중국은 1962~1980년 인구증가가 최고 절정기에 달했는데, 이 시기에 약 4.2억 명의 영아가 출생했다. 그래서 1990년대부터 시작한 베이비부머의 주택구입 열기가 거세게 몰려왔다. 또한 해마다 도시화율이 1%포인트씩 상승하면서 부동산경기를 이끌고 있다. 이러한 경제환경이 부동산산업의 빠른 성장동력이 될 것임은 충분히 예견할 수 있다.

2006년 상반기에만 중국 부동산시장에 해외투자자의 투자는 한층 빨라졌다. 통계자료에 따르면 상반기 외국인 부동산투자는 약 35억 달러로 지난해 전체 투자액의 70%에 달했는데, 베이징, 광저우, 상하이 등 고급주택 및 상업용 부동산의 임대료가 상승했기 때문이라는 분석이다.

또한 전문가들의 분석에 의하면 엥겔지수가 40%일 때 각국의 주택소비가 소비구조에서 차지하는 비중은 15~20%인데, 현재 중국 도시의 엥겔지수는 40% 이하로 내려갔으나 주택소비가 차지하는 비율은 10%

도 안 되어 국제 평균수준보다 5~10% 낮으므로 주택소비는 아직도 상
승 여유가 있는 것으로 내다봤다.

그렇다면 이번에는 중국의 부동산산업 정책은 어떤지 2006년 부동
산업에 대한 중국통제정책을 10대 키워드로 살펴보자.

1. **이자 상장**   이자 상장으로 부동산개발 융자원가가 확대되고 1년
~3년 기한 대출이율은 6.30%, 3년~5년 기한 대출이율은 6.48%
로 상장했으며 5년 이상의 대출이율은 6.84%에 달했다.

2. **선금首付 제고**   9개 부처가 제출한 〈주택공급구조를 안정되게 하
는 것과 관련된 주택가격 의견〉('국 15조')에 따르면 개인주택 대출
선금을 30%로 제고했다. 본인이 직접 거주하며 면적이 90평방미
터 이하일 때는 선금 비율이 20%로 낮아진다.

3. **90/70**   5월 국무원 상무회의는 부동산시장을 통제하는 6개 조항
의 조치('국 6조')를 통과시켜 주택 공급구조를 조정할 것을 강조했
다. 이후 국무원 판공청이 건설부 등 9개 부처에 〈주택공급 구조
조정 주택가격 온정에 관한 의견〉('국16조')을 전달해 '국6조' 요구
를 세분화하고 신 건축주택 구조비례를 계량화했다. 규정은 6월 1
일부터 신 심사, 신 개공하는 상품주택 건설, 건축면적이 90평방
미터 이하인 주택이 반드시 개발건설 총 면적의 70% 이상(즉
90/70규정)을 차지해야 한다고 밝혔다. 11월 30일 건설부는 주택건
설규획을 공포하지 않은 도시는 12월 20일 전에 전면적으로 편
성, 공포와 기록작업을 완성해야 한다는 '최후 명령'을 하달했다.

4. **주택 염가임대제도**   '국6조'는 심도 있게 중·저소득층의 주택문

제에 관심을 가지고 단계적으로 중·저급의 중소형 보통 상품주택, 경제실용주택, 염가주택을 중점 발전시키고 주택 2급 시장과 임대시장을 적극 발전시킨다는 내용을 담고 있다.

5. 책임 추궁 각 지역, 특히 도시정부에서 책임지고 주택공급구조 조정, 주택가격의 지속적이고 완만한 상승을 경제사회 발전목표에 넣어 부동산시장의 건강한 발전을 촉진해야 한다고 했다. 이는 중앙정부의 책임 추궁의 칼날이 이미 도시정부로 옮겨가고 있음을 의미한다. 일심협력을 통해 도시 부동산시장 통제정책 실현이라는 지방정부의 책임을 다해야 한다.

6. 주택구매 5년 이내 되팔 경우 판매소득으로 영업세 징수 '국 15조'에 따르면 2006년 6월 1일 이후 구매한 주택을 5년 이내 되팔 경우 판매가격 전액에 대해 영업세를 징수한다. 만약 5년 이후 되팔 경우는 양도차액 부분(매입과 매출의 차액)에 대해서만 세금을 징수한다.

7. 개인 소득세 국가세무총국은 7월 15일 〈개인주택 양도소득의 개인 소득세 징수 문제에 관한 통지〉를 하달해 8월 1일부터 중고주택 양도는 20%의 소득세를 징수한다고 발표했다. 이는 세수조치를 통해 투자를 억제하고 투기를 방지하기 위함이다.

8. 토지 한치비(유휴부담금) '국 15조'는 한치 토지에 대한 처벌 강도를 확대했다. 계약을 통해 약속한 착공기한 1년을 넘어도 착공하지 않은 경우 법에 따라 높은 금액의 토지 한치비를 징수하며 기한 내에 개공, 준공하도록 한다. 2년이 넘도록 착공 개발하지 않을 때는 무상으로 토지 사용권을 회수한다. 기한 내 착공했으

나 개발면적이 1/3이 안 되거나 이미 투자액이 1/4이 안 될 때, 또한 허가를 거치지 않고 건설을 중지해 1년 이상 방치한 토지에 대해 부과한다.

9. **외자 심사비준** 7월 24일 건설부 등 6개 부처에서 〈부동산시장 외자 진입과 관리 규범화 관련 의견〉을 발표해 부동산시장 투자에 대한 '심사비준제'를 실행하고 외자기업 개발경영관리에 '국민대우'를 실행하며 경외 기구 및 개인주택 구매 시 엄격한 심사비준 등기와 실명제를 실행했다.

10. **토지가격 상장** 2006년 11월 재정부, 국토자원부와 인민은행은 연합으로 〈신증건설주택부지 유상사용정책 등 문제에 관한 통지〉에서 2007년 1월 1일부터 새로 증가하는 건설부지 토지유상 사용 비용기준을 제고한다고 규정했다. 국토자원부 관련 인사는 이는 주로 지방정부에 대응해 지방 부지를 억제하기 위한 것이라고 말했다.

앞으로 20년간 중국 부동산시장이 황금기라는 예측 가운데 2007년 부동산시장에 대한 전문가들의 예견도 주목할 만하다. 화위엔그룹총재 런지챵任志强은 부동산산업은 폭리사업이 아니며, 2007년에도 이윤이 증가할 것으로 내다봤다. 건설부부장 왕광다오는 2007년에도 부동산 조정정책은 계속될 것이며, 부동산 공급구조조정을 중점으로 하고 부동산 투자규모를 억제하여 부동산가격을 안정시킬 것이라고 했다. 또한 프로젝트 비준과 토지공급을 조정하고 일반상품주택 및 경제실용주택 개발 프로젝트를 계획하여 발표하며, 평형구조 및 판매가격을 제한하여, 근본적으로 고급 상품주택개발을 제한하고 중저가, 중소형 일반 상품주택의 개발을 장려할 것이라고 했다.

국토자원부 부장 리위엔李元은 2007년에도 대형, 저밀도 고급주택의 토지공급을 엄격하게 제한하며, 별장류 토지공급도 지속적으로 중단할 것이며, 토지획득 문턱을 높여 거시조정정책의 효과를 더욱 높일 것이라고 했다.

중국사회과학원 금융연구소 금융발전실 주임 이씨엔룽은 부동산가격은 국가정책에 달려 있다며, 정부의 세수정책과 시장의 변화를 통해 부동산 공급과 수요의 관계를 조정해야 하고, 국민들의 이익을 조장하기 위해 정부는 반드시 국민들이 구매할 수 있는 주택 건설을 장려해야 한다고 밝혔다.

반면 '아시아금융폭풍' 조성자 쉬뤄스는 중국 부동산은 앞으로 3년이면 거품이 무너질 것으로 간접적으로 예견했다. 금융교수 쉬샤오녠도 한 방송매체에서 중국 부동산은 상하이上海, 항저우杭州, 난징南京, 베이징을 중심으로 급속도로 발전할 것이며 부동산가격도 내년 혹은 내후년부터 큰 전환을 보일 것이라고 언급했다.

중국 부동산시장에 대한 쟁점은 크게 네 가지로 볼 수 있다. 세수조정을 이용해 투기성 수요를 억제하는 것, 2,3급 주택시장 집중개발, 주택소비 신용대출정책의 적정 조정 등을 들 수 있다. 전문가들은 향후 중국정부가 최적화된 세수 시스템을 수립해 거래단계를 줄임으로써 거래비용을 낮추고, 엄격하고 현실적이며 효과적인 부동산중개업 시장접근제도를 마련하는 한편 주택거래시장의 법규를 정비하고 주택거래의 건강하고 질서 잡힌 유통질서를 촉진하는 등 적절한 정책, 조치를 취해

2, 3급 주택시장의 발전에 박차를 가해야 한다고 주장하고 있다.

그렇다면 부동산 관련주들의 투자가치는 어떻게 될까?

긴축정책의 수혜가 예상되는 선도기업들이 유리할 것으로 보인다. 긴축정책은 과잉공급의 리스크 해소에 유익하고, 대다수 선도기업들이 자금조달능력이 양호한 데다 산업 구조조정 및 통합은 선도기업들의 시장점유율 확대에 유리하기 때문이다. 또한 부동산가격의 급락 가능성이 매우 낮다는 것이 한몫한다고 볼 수 있다.

그러므로 부동산 주에 대한 투자전략을 짜려면, 부동산 개발기업들 중 2006년과 2007년에 실적성장이 예상되는 기업을 주목해야 한다. 그 중 거시조정의 부정적인 영향을 적게 받고 토지의 저가매입과 개발허가권을 다량으로 확보, 일반주택 개발사업에 주력하는 기업들을 주요 관심대상으로 보는 것이 필요하다.

그리고 부동산 임대회사들 중 자산가치 재평가 가능성이 높고, 수익 성장의 잠재력이 큰 기업을 주목하도록 한다. 자산구조 개편 및 인수합병 등의 재료를 보유하고 있는 기업들은 해당 거래의 실제 진행상황에 유리하다.

부동한 유형의 부동산 관련사들의 가치평가에 있어서 주택개발기업들의 적절 PER는 12~14배로 추정, 주가는 주당 순자산과 유사하거나 어느 정도 할증되었을 경우 적정 수준으로 예상하면 된다. 부동산 임대기업들의 적정 PER는 16~20배로 추정, 주가는 주당 순자산보다 10~20% 할인되었을 경우 적정 수준이다. 종합건설사의 적정 PER는 부분총괄(Sum-of-Parts) 방식으로 산출해야 하며, 주가는 주당 순자산에 비해 일정 정도 할인되었을 경우 적정 수준이다.

현재 중국 부동산 개발업체 수는 약 2만 7,000개, 종사인원수는 88만 명이고, 그중 외국 투자업체 수는 약 1,200개이다. 전국 부동산업체의 자산총액은 1조 9,000위안, 부채총액은 1억 4,000만 위안으로 자산부채비율이 76.1%이다. 2000년 전국 부동산 개발투자액은 4,901억 7,300만 위안으로 전년대비 증가율은 19.5%이다.

● **베이징 지역** 부동산업의 시장경기 회복시점, 성장속도 모두 전국 선두로 올림픽 유치와 WTO 가입에 힘입어 부동산투자, 주택가격 모두 상승세다.

　|주요 부동산 개발업체| 베이징 시 화위안華遠부동산 주식회사, 베이징 시 베이천北辰부동산 개발주식회사, 베이징 시 부동산 개발경영총사, 베이징 시 도시건설 종합개발주식회사 등

● **상하이 지역** 중국의 경제중심지로, 현재 부동산시장은 중국 도시 중 최대 규모다. 업체 수는 많지만 1급 자질업체는 100개 정도로 추산된다.

　|주요 부동산 개발업체| 싱예興業 부동산(상하이 첫 부동산 상장회사), 신황푸新黃浦, 중화中華기업(건국 후 상하이 첫 부동산회사), 와이가오차오外高橋, 진차오金橋 등

● **광저우 지역** 1998년 이래 연간 13%의 고속 경제성장을 기록하고 있는 지역이다.

| 주요 부동산 개발업체 | 주장(주강)실업, 아오훙위안, 완커萬科기업 등

연평균 100조 시장으로 성장 : 전력산업

중국은 개혁개방 초기에만 해도 전력사업은 국가기업의 형태로서 정부부처의 하나인 전력공업부에서 책임지고 있었다. 전력공업부에는 발전, 송전, 배전, 판매는 물론 각종 기기제작회사도 포함되어 있었다. 그곳에서 일하는 종사자들은 물론 국가 공무원 신분이었다.

그러나 중국은 사회주의국가를 존속시키면서도 민간 발전사업자가 전기를 생산하도록 개혁의 물꼬를 트게 되었다. 현재 전력생산은 세계 2위인 반면 1인당 소비전력은 10위권으로 질적인 면에서는 아직도 후진국이다. 하지만 해마다 발전설비용량이 9.2% 늘고 지난 10년간(1996년~2005년) 설비용량 증가세가 세계 1위를 차지하는 등 경제성장과 더불어 전력산업도 발전속도가 빠르게 진행되고 있다.

총 설비규모는 2004년말 기준으로 3억 4000만kW, 이중 화력발전시설이 2억 5000만kW(73.8%)으로 대부분을 차지하며, 수력발전(20%), 원자력(6.1%), 신재생에너지 등으로 구성되어 있다. 중국의 전력산업은 중앙정부 소속 하에 5개 대전력망마다 전업관리국, 성 또는 자치구마다 전력공업국이 설치되어 운영중이다. 현재는 중국국가전력공사로부터 분할된 11개 업체가 국가통제 하에 운영되며, 전력부문 개혁과 전력시장 감독을 위해 국가전력감관위원회가 2003년 3월에 설립됐다.

사회주의적 국유기업체제에서 시장경제적 기업체제로의 개혁, 그리고 전 세계적인 전력분야 경쟁체제의 도입 조류에 따라 국가전력공사는 다시 개혁에 들어갔다. 중국경제는 1978년 이후 개방정책에 힘입어 전력수요는 급속히 늘어났지만 발전시설은 따라가지 못해 빈번이 제한공급이 있었다. 구조개편 바람은 1996년 국무원에서 전력산업개혁을 공식거론한 후 1997년 국가전력공사를 설립했다. 이듬해 3월에는 전력공업부를 폐지하고 1998년 7월 국가경제무역위원회 내에 전력사를 설치, 공업부 역할을 맡도록 했다.

이후 2000년까지는 성省 수준의 행정과 기업의 분리, 발전과 송전의 분리 등의 개혁이 추진되고 가격경쟁도 도입했다. 2002년 12월에는 중국국가전력공사를 11개 업체(발전 5개, 송배전 2개, 건설 및 서비스 4개)로 분리시켰다. 국가전력감관위원회를 설치해 전력부문 개혁과 전력시장 감독을 맡도록 구조적 개편작업을 완료했다. 2개 송배전업체는 국가전망공사와 중국남방전망공사이다. 5개 발전회사는 각 3000~3500만kW 설비용량인데 이 발전회사들의 설비용량은 전체의 절반 정도를 차지한다. 나머지 절반은 외국투자로 이뤄진 민간설비와 지방 발전사들이다.

중국의 구조개편은 총 4단계 개혁방안을 토대로 이루어졌다.

● **1단계(1997년~1998년 3월)** 중국전력공사와 전력공업부 조직개편, 정부기능과 기업기능의 인계인수 등 전력산업개혁의 초기단계.
● **2단계(1998년 3월~ 2000년)** 정부기능과 기업기능을 분리, 성 단

위의 전력공사제를 실시하고 발전소와 송전망의 시범분리, 그리고 중국전력공사에 현대기업제도를 도입.

● **3단계(2000년~2010년)** 발전소와 송전망의 분리, 점진적으로 전국 배송망 연결을 실현하는 국가적 장기 프로젝트로 특히 소유형태와 관계없이 모든 기업들은 시장참여와 경쟁에 동등한 지위를 갖게 한다는 전략이다.

● **4단계(2010년 이후)** 개혁의 완성. 구체적인 일정은 없다. 개혁완료를 위해 중국정부는 발전과 송전, 배전사업을 분리하고 규범을 갖춘 전력시장 건립, 광범위한 경쟁도입이 목적이다.

전력산업 부분의 중추적 역할을 하는 국가전력감관위원회는 2002년부터 설립준비를 해오다 2003년 3월에 설립되었다. 우리나라의 산업자원부 내에 설치된 전기위원회와 비슷한 업무를 담당하게 된다. 감관위원회는 지역별로 거래소를 설치하는 등 전력시장 운영에 관한 정책업무를 담당하는 곳이다. 위원회는 또한 전력시장 개혁 중심을 가격경쟁을 통한 시장 개편이 되도록 정책적 목표를 지향하고 있다. 전력가격개혁이란 접속(계통)요금, 송전, 배전, 판매요금 등 4개 부문으로 이루어지며 발전과 판매부문은 시장 참여자들이 경쟁하도록 유도하고, 송·배전부문은 국가가 직접 관리한다는 계획이다.

중국의 전력설비용량은 2005년말 기준 4억4000만 kW를 기록했다. 이는 중국 전력시장의 규모가 어느 정도인지 상상할 수 있는 이정표가 된다. 중국은 화력과 수력이 중요 발전원이 된다. 전체 전력설비용량 중 3억2500만 kW를 화력발전이 차지하는데 전체의 73.8%에 이른다.

수력발전은 1억800만 kW로 24.6%를, 원자력은 684만 kW로 1.6%를 기록하였다. 중국의 전력수요 증가는 폭발적이다. 2005년말 기준으로 전기사용량은 2억2000만 kW로 전년에 비해 14.9%나 늘었다. 지난 96년부터 10년 동안 전기사용량 증가는 세계 2위를 기록하였다. 하지만 1인당 설비용량이나 전기사용량은 세계 중간 수준에 머물렀다. 그만큼 성장성이 무궁무진하다는 얘기다.

중국의 전력망은 6개 지역으로 구분해 운영된다. 화북과 동북, 화중은 교류방식으로 연결되어 있고 화중지역과 화북, 남방은 직류방식으로 운영된다. 서북지역을 제외하고 500kV 송전망이 구축되었다. 하지만 중국의 전력수급은 아직 수월치 않다. 2003년부터 전기 부족은 계속되었는데 2003년말 5000만 kW의 설비가 추가 건설됐음에도 불구하고 전기부족은 여전하다. 25개 성과 시에서 전기사용 제한조치가 있었다.

중국은 전기부족 사태의 원인을 크게 4가지로 분석하고 있다. 우선 비약적인 경제성장에 따른 전력수요의 급격한 증가가 가장 큰 원인이다. 신규발전소 건설이 부진한 것도 수급불안을 가져온다는 분석이다. 수력발전을 하는 일부지역에서는 물 부족이 전기부족 상황을 낳고, 화력발전의 경우 연료공급이 제대로 이뤄지지 않는 것이 주요인이다.

중국은 이러한 전기부족 사태를 해결하기 위해 발전소 건설을 가속화하였다. 물론 중국정부가 전기부족 사태를 발전소 건설로만 해결하려는 것은 아니다. 우리와 마찬가지로 에너지 다소비사업을 제한하고 전력망과 전원을 건설하는 동시에 지역간 전력거래를 활성화하고 있다. 여기에 수요관리를 통해 합리적 전기소비를 유도하고 있다.

중국의 전력시장은 발전부문과 판매부문은 경쟁시키고 송전부문을 국가가 통제하는 그림을 그리고 있다. 중국의 전력산업 구조개편에 민영화를 명시하고 있지는 않다. 확실한 것은 시장을 통해 경쟁체제를 구축한다는 것이다.

중국은 '11차 5개년 계획기간' 중, 31개의 주요도시 전력망 건설과 개조를 위해, 국가전력망공사State Grid Corporation Of China는 총 투자액의 50%에 달하는 4600억 위안을, 남방전력망공사China Southern Power Grid는 약 1500억 위안을 투자할 예정으로, 합계 투자금액은 대략 6000억 위안이며, 연평균 1200억 위안이 투자될 예정이다. 기간 중 도시 전력망 건설과 보수는 장차 전력망 투자의 중점이 될 것이다.

이처럼 중국은 경제성장에 따라 전력수요도 함께 증대되어 중국의 전력수요 규모는 미국에 이어 세계 2위의 자리를 지키고 있다. 그럼에도 불구하고 아직 해결해야 할 문제는 많다. 현재까지 발전량은 빠르게 증가하고 있고, 소비증가율은 연초 전망치를 웃돌고 있다. 전력수급 사정은 한층 호전됐지만 지역별, 시간대별 공급부족현상도 여전히 존재한다. 특히 공업부문의 전기사용량은 전체의 75%로 급증했다. 여기에 심각한 에너지 낭비가 한몫했다.

한편 생산비 연동제 도입으로 전력회사의 매출액은 증가해 경영실적이 크게 호전되었다는 사실에 주목할 필요가 있다. 아직까지 전력수급 상황이 여유롭지도 않고, 배전망 시설의 낙후로 전력발전에 걸림돌이 되는 상황이지만, 그럴수록 정부의 지원이 절실한 상황이라 전력회사들의 호조는 이어질 것으로 보인다.

이것은 중국 경제성장을 배경으로 중국 본토계 전력회사들이 과거 수년간 우상향곡선의 주가상승을 기록한 것으로도 충분히 뒷받침할 수 있다. 2003년 시작된 중국주 폭등 속에서 전력회사들은 국내외 투자가들의 뜨거운 구애를 받고 있었다. 물론 이 과정에서 석탄가격의 급등으로 순익실적이 저조한 편이기도 했지만, 중국의 경제성장과 그에 따른 기업활동의 증가는 지속적인 전력수요 증가를 견인할 것이고, 결국 기업의 순익에 날개를 달아줄 것이다. 더군다나 중국정부가 도입한 '석탄가격 연동형 전력가격 메커니즘'으로 석탄가격으로 인한 장애를 크게 받지 않는다는 점은 미래전망을 밝게 하는 요소라 할 수 있다.

그렇다면 중국 전력사업의 중추를 담당하는 주요기업에 대해 알아보자.

● 국가전력회사 國家電力公司
(The State Power Corporation of China, SP)

전력부 분할과 더불어 국무원 단독으로 투자설립된 회사로 자본금 1,600위안, 직원 130만 명과 전력부의 기업기능을 물려받았다. 국유자산의 주요 투자자 및 운영자로 지정, 관련 자회사 및 정부가 인정하는 기타 전력관련 자산에 대한 관리권을 위임받았다. 세계 500대 기업에 포함된 중국 최대의 전력기업이며 발전 및 송배전 분야의 연구, 자문, 설계, 건설 등 모든 방면의 전력사업과 더불어 주된 사업분야는 각 지방을 연결하는 국가 전체의 송전망 관리 및 전력망 건설 운영 등이다. 2000년말 기준 보유자산총액은 1조 2,650억 위안, 151GW의 발전설비 용량을 완비했고, 220kV급 이상의 송전선로 146,200km 보유로 중국 전체 등급 송전선로의 89.5%에 해당된다. 산하에 6개의 지역전력그룹과 독립발전사업체인 화닝華能그룹이 있다. 광둥전력그룹, 네이멍구자치구전력그룹, 하이난성전력회사를 제외한 나머지 지방전력회사는 지회사이다.

● 광둥전력그룹廣東電力集團公司
(Guangdong Power Group, GDPG)

광둥성 정부가 직접 투자한 대규모 기업으로 광둥성 내의 발전, 송배전, 전력망 임차, 시험연구, 설계 및 설비제작을 담당하고 있다. 산하에 화력발전소 8개소, 수력발전소 7개소와 7개의 발전회사를 운영하고 있으며 2000년말 기준 광둥성 전체 발전설비의 25%(8,000MW)를 차지했다. 발전설비용량 중 2,840MW는 단독소유, 나머지 용량은 외부 발전설비자산의 지분비율로 산정. 2000년 연간 발전량은 전년대비 28% 증가한 49.63kWh, 동년 말 자산총액은 전년보다 15.8% 증가한 1,504억 위안을 기록했다.

● 네이멍구자치구전력회사內蒙古自治區電力公司
(Inner Mongolia Autonomous Region Power Group)

1998년 네이멍구자치구 전력국이 해체되면서 설립되었다. 사업범위는 기술자문, 설계, 송배전, 전력망 임차, 연구개발, 전력설비 생산 및 유지보수 등이며 해당 지역에 전력공급뿐만 아니라 베이징과 몽골에 전력을 수출하고 있다. 1999년 말 4,320MW의 발전설비와 500kV급 교류 송전선로 278.84km를 포함하여 1만 398km에 달하는 35kV급 이상의 송전선로 보유하고 있으며, 2000년 말 기준 네이멍구자치구 전체의 발전설비용량은 8,959MW, 35kV급 이상의 송전선로는 2만 3,901km

로 집계되었다.

● 하이난성전력회사 海南省電力公司
(Hainan Provincial Power Co., HPPC)

1999년 3월 이전까지 하이난성전력산업회사라는 이름으로 불렸으며, 1995년 설립되었다. 2000년 말 기준 관할하고 있는 하이난성 전체의 발전설비는 1,791.3MW, 35kV급 이상의 송전선로는 3,720km를 차지했다.

● 중국싼샤공정회사 中國三峽工程公司
(China Three Gorges Project Corporation, CTGPC)

싼샤 프로젝트 추진 주체로 회계 사업계획 수립 등에서 독립된 권한을 가진 국영기업으로 양쯔강 주변의 수력자원개발에도 참여했다. 과학연구, 수자원개발 및 수력발전에 대한 기술자문을 비롯 여러 분야로 사업영역을 확대하고 있다.

● 양광에너지개발회사 陽光能源開發公司
(Sunburst Energy Development Inc., SEDI)

중국대외신용투자회사(CITIC)와 국가개발투자회사가 65대 35의 비율로 투자해 1987년 설립한 CITIC의 자회사로 등록자본금은 2,100만 위안이었다. CITIC 홍콩(지주회사)과 홍콩 CITIC Pacific사의 위임 아래 중국과 외국 간의 합작발전소를 관리하고 있다. 2000년 말 기준 장쑤성 리장발전소, 당저우복합발전소, 네이멍구 바오터우 제1복합화력발전소, 후허하오터발전소 등 10개 이상의 프로젝트에 참여했다.

● 베이징다퉁발전유한회사北京大同發電有限公司 (Bejing Datong Power Generation Co. Ltd.)

1994년 12월 합작주식회사로 설립, 등록되었으며, 1998년 5월 13일 중외합작기업으로 등록되었다. 1997년 3월 홍콩과 런던 주식시장에 상장되었다. 등록자본금 51억 6,300만 위안으로 중국 최대 독립발전사업자 중 하나며 4개 석탄화력발전소에 4,650MW의 발전설비를 소유 운영하고 있다. 13억 7,500만 위안의 세후 수익률을 기록했으며 주당 0.27위안의 수익을 남겼다.

● 광둥핵전합영유한회사廣東核電合營有限公司 (Guangdong Nuclear Power Joint Venture Corp.)

1985년 1월 광둥핵전투자회사와 홍콩원자력투자회사가 합작하여 설립했으며, 다야완 원전과 링아오 원전의 건설 및 운영을 담당하고 있다. 다야완 원전은 1,968MW(총 투자금액 40억 달러)의 발전설비를 보유, 이 발전소 발전량의 70%는 홍콩으로 송전되고, 30%는 광둥으로 송전된다. 링아오 원전은 1,000MW급 경수로 4기를 건설 중이며 제1단계 2기에 약 40억 달러를 투자했다.

WTO 가입으로 장기 성장세가 예상 : 은행산업

최근 블룸버그 통신에 따르면, S&P는 중국 경제가 2006년과 2007년에 각각 10.5%와 10.0% 성장해 아시아지역의 핵심 성장동력으로 남아 있을 것이라고 예상했다. 또한 S&P는 중국 은행산업 전망을 '긍정적 Positive'으로 평가했다. 정부의 은행개혁으로 은행부문은 '실질적인 이익'을 내고 있다는 설명이다. S&P의 아시아지역 등급 담당이사인 핑 츄는 2008년 베이징 올림픽 이전까지 "중국의 주요정책 변화에서 지속가능성과 점진적 성장의 특성이 점차 뚜렷해질 것"이라고 전망했다.

이러한 가운데 중국정부가 2006년 12월 중국 현지에 진출한 모든 외국계 은행들에 무한경쟁을 알리는 신호탄을 쏘았다는 것은 주목할 만하다. 지금까지 인허가지역 내에서만 가능했던 인민폐 영업이 전국단위까지 확대되며 개인대상 영업도 허용된다. 중국이 지난 2001년 세계무역기구(WTO)에 가입하며 약속했던 금융시장 전면개방이 이루어진 것이다.

그러나 중국정부가 내건 전제조건은 상당히 까다롭다. 중국정부는 개인대상의 인민폐 소매금융업을 하려는 외국계 은행은 '반드시 법인으로 전환할 것'을 요구했다. 또한 전환이 아닌 신설법인은 개업 후 3년, 연속흑자 2년의 조건을 충족해야만 개인고객대상 영업을 허용하겠다고 밝혔다. 그리고 자본금 하한선은 10억 위안(미화 1억 2000만 달러 상당), 현지법인 내 지점은 1억 위안(1200만 달러 상당)의 운영자금을 갖추도록 했다.

이렇게 중국정부가 현지법인화를 요구하고 나선 것은 시장개방에 따라 무한경쟁 속으로 뛰어들게 된 자국내 은행 특히 소매시장 보호에 초점이 맞춰져 있다는 것이 일반적인 평가다.

중국 금융기관의 구조는 중앙은행인 중국인민은행을 중심으로 국책은행, 국유상업은행, 비국유상업은행, 비은행금융기관 등으로 구성되어 있고, 2000년 말 기준으로 총 5만 1,300여 개에 이른다. 국가정책을 수행하는 국책은행으로 국가개발은행, 수출입은행, 농업발전은행이 있고, 중국은행, 공상은행, 건설은행, 농업은행 등 4대 국유 상업은행이 있다. 비국유 상업은행으로 전국 성 지역은행이 다수 있고 비은행 금융기관으로 보험회사, 증권회사, 신탁투자공사, 외자금융기구 등이 있다.

한편 무디스는 〈2006년 중국은행 시스템 전망〉 보고서에 2006년 중국상업은행의 평균 신용평가등급(BFSR)을 E+로 매겨 전 세계 은행 가운데 가장 낮다고 평가했다. 신용평가 결과, 건전성과 안전성을 높이 평가받은 은행은 교통은행, 초상은행, 푸동발전은행으로 신용등급이 D, 중국은행, 건설은행, 광다은행의 등급은 D-, 공상은행, 선전발전은행, 광파은행 등급은 E+, 농업은행의 신용등급은 E로 가장 낮았다.

무디스의 이러한 평가에는, 여러 중국상업은행이 전략적 투자자를 유치해 재무건전성이 다소 개선되었지만 자본금 규모, 대손충당금 적립, 순이익 창출능력이 열악하기 때문이다. 이 외에도 상장은행은 신용대출이 지나쳐 중국정부의 긴축재정으로 부실채권이 급증할 것으로 전망하는 데서 기인한다. 2006년 들어 중국은행의 부실채권은 전년 동기대비 16.9% 증가했다. 상업은행은 경영모델을 바꾸고, 신상품개발을 통해 수입원을 다양화시킬 필요가 있다고 지적했다.

한편 무디스는 중국상업은행의 신용평가는 비교적 낮지만 투자전망에 대해서는 안정적이고 긍정적인 평가를 내렸다. 5대 상업은행 중 3개사가 주식회사로 개편하고, 홍콩증시에 상장해 주식제 상업은행의 전략적 해외투자자 유치와 해외상장 노력 등은 은행시스템의 위험을 낮춘 계기가 되었기 때문이다.

무디스의 신용평가로 중국은행 관리감독위원회는 2006년 말 이전에 확정된 감독관리규칙을 발표할 예정이고, 2012년까지 신바젤 자기자본협약 요구조건을 충족시킬 것으로 내다보았다.

중국 은행산업은 경기과열로 신용대출과 통화공급이 크게 늘면서 은행의 위험관리능력과 내부통제 메커니즘이 절실히 필요한 상황이다. 정부가 대출금리 인상, 지준율 상향조정을 하는 등 금융긴축으로 부실채권비율은 높아지겠지만 장기적으로 부실채권처리를 통해 자산건전성이 강화될 것으로 전망된다.

은행 영업수익 구성 중 이자 순수익이 차지하는 비중이 높아 비이자 순수익을 확대할 필요가 있고, VIP고객영업과 자산관리 등의 영업능력을 키워야 한다고 전문가들은 말한다. 특히 채권시장의 활성화로 금융시장에서의 중요성이 부각되어야 한다.

중국은행 관리감독위원회가 2006년 10월 중국은행 개혁안을 들고 나왔다. 〈중국상업은행의 개혁과 창조를 위한 세미나〉에서 각종 재무제표 달성목표를 충족시키지 못한 상업은행에 대해 자본적정성을 높이는 단계별 구조조정을 추진하겠다고 했다. 은행을 3종류로 분류해 각기 다른 개혁작업을 추진하겠다고 했는데, 구조조정작업을 완성한 상장은행, 상장기업은 아니지만 재무구조가 목표치를 충족시킨 은행, 재무구조가 취약한 은행으로 분류했다.

중국 4대 국유상업은행의 2005년 결산보고서에 따르면 자산규모면에서 공상은행이 1위를 기록했고, 건설은행은 수익률, 중국은행은 리스크 관리능력, 농업은행은 콜거래 등 중개업무에서 두드러진 경영실적을 거두었다고 상하이증권보가 보도했다.

4대 국유상업은행의 총자산은 20.55조 위안(2466조 원)이고 그중 공상은행은 6.45조 위안(774조 원)으로 1위를 농업은행, 중국은행, 건설은행이 그 뒤를 잇고 있다. 순익면에서는 건설은행 470억 위안(5.6조원), 공산은행 337억 위안(4.0조원), 중국은행 275억 위안(3.3.조원), 농업은행 10.44억 위안(1252억원)을 기록했다.

2005년 국유은행의 부실자산 처리속도가 2배로 빨라지면서 자산건전성이 크게 개선되었다. 건설은행의 부실대출금은 944.69억 위안(11.3조원), 부실대출금 비율은 3.84%로 자산구조가 가장 건전한 것으로 나타났고, 주식회사로 전환하지 않은 농업은행의 부실대출금 비율은 26.17%인 7400억 위안(88.8조 원)을 상회한 것으로 나타났다. 4대 은행 모두 수익모델을 비이자 수익인 소매은행업무, 중개업무에서 찾고 있지만 전체 영업수익 중 이자수익이 차지하는 비중이 높은 편이다.

〈파이낸셜타임스〉 자회사인 영국 〈뱅커〉지는 해마다 경쟁력을 기준으로 "세계 1000대 은행" 순위를 발표했는데, 중국 금융가 지주회사와 공동으로 2006년 6월 13일 "중국 100대 은행" 순위를 발표했다. 국제회계기준에 의한 자산총액, 세전 순이익 등 재무제표와 위험관리, 금융상품, 인적자원에 대한 평가도를 반영해 발표한 100대 은행에는 국유은행 4개, 주식제 상업은행 12개, 도시상업은행 65개, 농촌상업은행 11

개, 기타 유형의 은행 8개를 선정했다.

100대 은행의 자산총액은 26조 1717억 위안(3140조 원)이며, 그중에 국유은행이 차지하는 자산비율이 70.8%, 주식제 상업은행 21.8%, 도시은행과 농촌상업은행 등은 7.3%에 불과했다. "세계 1000대 은행"은 세계은행들의 종합 경쟁력을 보여주는 바이블로 통한다. 중국 순위는 건설은행, 중국은행, 공상은행, 농업은행, 교통은행, 초상은행, 중신실업은행, 민성은행, 푸파은행, 싱예은행 순으로 나타났다.

〈뱅커〉의 "세계 1000대 은행"에 포함되는 중국은행은 2005년 19개에서 2006년에 25개로 늘어났다. 세계 상위 20위권 은행 가운데 중국은행은 3개가 진입했는데 중국건설은행, 중국공산은행, 중국은행이다. 순위가 변동된 은행 중 건설은행(25위에서 11위로)과 교통은행(105위에서 65위로)의 상승폭이 가장 컸다. 새로 포함된 6개 은행은 톈진상업은행, 상하이농촌상업은행, 항저우상업은행, 다롄상업은행, 선전농촌상업은행, 난징상업은행 등이다.

중국공상은행中國工商銀行에 쏟아지는 관심에 주목할 필요가 있다. 중국공상은행은 세계 최대규모의 기업공개(IPO)를 성공리에 마쳤다. 중국 최대은행인 공상은행의 성공적인 증시 상장은 '부실덩어리'라는 이미지를 면치 못했던 중국은행들을 새로운 시각으로 바라보는 계기를 만들었다. 이것은 금융산업 개혁에 대한 중국의 자신감을 표현하는 상징적 이벤트로 볼 수 있다. 약 20조 원에 달하는 거대한 공모자금을 움켜쥔 공상은행이 해외로 영업 손길을 뻗칠 것이라는 전망도 나오고 있다.

중국의 4대 국유은행 중 건설은행과 중국은행 다음으로 중국공상은행이 'A+H 방식(A시장과 H시장에 동시 상장)'으로 공개하게 됐다는 점은 중국 은행산업의 개혁이 거의 마무리 단계라는 것을 의미한다. 국유은행에 대한 주식제 은행 도입 및 주식매각, 대대적인 부실채권 처리 등과 같은 금융개혁의 최종단계가 기업공개(IPO)이기 때문이다. 따라서 그동안 각종 개혁조치로 영업활동에 상당한 제약이 있었지만, 4대 국유은행의 기업공개 작업 자체가 새롭게 출발할 것으로 기대된다는 데 의미가 있다.

공상은행은 명실상부한 중국 내 최대 은행이다. 중국공상은행의 총자산은 중국 최대로, 4대 국유은행 전체 총 자산의 3분의 1 수준이며 주식제 상업은행을 모두 합한 것보다 큰 규모다. 2006년 8월 현재 은행권 전체 총 자산에서 공상은행이 차지하는 비중은 17%로 6조 4000억 위안(8000억 달러)이다. 4대 국유은행 중에서 공상은행이 차지하는 예금과 대출잔고 비중은 15.4%와 19.4%이다. 거래하는 고객 또한 최대 규모를 자랑한다.

2007년 현재 최고 500개 기업 중 492개를 포함해 250만 개 기업이 공상은행과 거래하고 있으며, 1억 5000만 명 이상이 거래에 참여하고 있다. 이중 5000위안에서 5만 위안을 거래하는 고객은 5000만 명이고, 5만 위안 이상을 거래하는 고객만도 1600만 명이다. 1만 8038개의 지점이 있고, 1만 9026개의 ATM기를 보유했다. 해외 자회사와 대표사무소 역시 홍콩, 마카오, 싱가포르, 도쿄, 서울, 부산, 프랑크푸르트, 룩셈부르크 등 세계 각지에 98개의 해외 영업망을 구축하고 있다.

공상은행은 지속적인 구조조정과 자본확충 및 신주매각 등을 통해 지난해 기준 자기자본비율이 9.89%를 기록했으며, 2007년 말에는 14%로 4대 국영은행뿐 아니라 중국 상장은행 중에서 가장 높은 수준을 기록할 것으로 전망된다.

베이징은행도 새롭게 주목을 받고 있다. 2006년 10월 11일 적격 역내 기관투자자(QDII) 자격을 허가받았다. 해외자산투자를 허가받은 15번째 은행이고, 도시상업은행으로는 처음이다. 베이징은행은 국가외환관리국에 투자한도 신청을 준비하고 있으며, 이미 해외투자 상품과 관련된 설계작업을 진행중이라고 한다. 또한 베이징은행은 고객으로부터 위안화 투자자금을 유치해 외화로 환전한 뒤에 해외금융시장에 투자할 계획이 있다. 베이징은행이 QDII 자격을 허가받음에 따라 다양한 외화관련 재테크상품을 만들 수 있게 되었고, VIP고객에 대한 자산관리시장에도 진출할 수 있게 될 전망이다.

최근 현지 언론에 따르면 중국 신용평가기관인 중청신中誠信 국제신용평급유한공사는 최근 중국 내 은행에 대한 신용평가에서 4대 국유상업은행(중국은행, 농업은행, 건설은행, 공상은행)에 대해 'AAA' 등급을 제시했다. 또 국가개발은행國家開發銀行도 AAA 등급을 받았으며 교통은행交通銀行과 초상은행 등은 AA 등급을 받았다.

중청신은 2006년 중국은행에 대한 전망보고에서 은행산업은 은행의 자금시장에서의 절대적 지위는 당분간 변함이 없으며, 효율성 제고를 통해 부실대출 비율이 하락할 것이고, 화폐당국의 시장조절능력이 제고됨에 따라 전반적인 은행의 신용위험 가능성이 감소할 것이라고 내다봤다. 이와 함께 금리의 시장화 등을 통해 중국 은행산업의 발전추세가 이어질 것이라고 덧붙였다.

2006년 6월 기준 중국 은행산업의 총 자산규모는 40조 9천억 위안이며 은행산업의 성장성 지표 중 하나인 총 자산 증가율은 8월 현재까지

18.5%를 기록하는 것으로 분석됐다. 특히 걸음마 단계에 불과한 프라이빗뱅킹 분야는 중산층 확대 가능성이 높아지며 성장잠재력이 높은 것으로 평가받고 있다. 또한 비이자 수익비중도 현재는 10.1%로 낮지만 금융시장 선진화와 금융상품 다양화, 소득증가로 성장잠재력이 높아 향후 20~30% 성장이 기대되는 것으로 분석됐다.

날로 높아지는 석유 에너지 의존도 : 석유산업

전 세계를 대상으로 에너지 확보에 안간힘을 다하고 있는 중국이 앞으로 2년 내에 미국을 제치고 세계 최대의 에너지 생산국이 될 것이라고 국무원 국가발전개혁위원회의 한 당국자가 밝혔다. 2005년 중국의 석탄, 석유, 천연가스, 태양열 등 1차 에너지 생산량은 20억 6천만 톤, 소비량은 22억 2천만 톤으로 생산량과 소비량에서 미국에 이어 세계 제2위를 차지했으며 에너지 자급률은 93%에 달했다.

중국 언론의 보도에 따르면, 국가발전개혁위원회 에너지국 쉬용성許永盛 부국장은 최근 열린 '2007년 중국 산업발전 보고회'에 참석, "지금부터 2020년까지 중국 에너지 투자시장이 대략 10조 위안 이상의 규모로 형성될 것으로 예상되고, 이에 따라 앞으로 2년 내에 중국이 미국을 추월해 세계 제1의 에너지 생산국이 될 것"이라고 전했다. 중국은 상당한 자원 잠재력과 풍부한 석탄자원 외에 석유 및 천연가스 매장량이 37조㎥에 이르는 것으로 추산되고 있다. 또한 천연가스 탐사가 아직 초기단계에 있고 풍력에너지, 수력에너지, 태양에너지 등과 관련된 자원도 비교적 풍부한 편이라고 쉬 부국장은 설명했다.

특히 원유 생산량은 전년도보다 2.8% 증가한 1억 8천 100만~1억 8천 300만 톤으로 사우디아라비아, 러시아, 미국, 이란, 멕시코에 이어 6위를 차지했다. 경제성장으로 인한 산업 확장 및 차량수요 증가로 인해 중국의 2006년 1~5월 석유수요는 증가했다. 국제유가(두바이 기준)는 작년대비 40% 상승했음에도 중국 내 휘발유 및 경유 가격은 15% 상승 수준에 머물면서, 고유가로 인한 영향이 제한적으로 나타났다.

중국 경제는 2006년 하반기까지 GDP 9.5% 이상의 성장세를 유지할 것으로 예상되며 석유 수요도 강세를 보일 것이다. 정부정책 측면에서는, 중국 에너지산업 부문에 대한 규제가 엄격하기 때문에 석유소비는 정부정책 변화에 큰 영향을 받을 것이다. 석유수요 증가에 대해 적절히 통제하지 않으면 환경오염 심화 및 에너지 안보 약화를 가져와 경제침체가 나타날 가능성이 있는 것으로 중국정부는 인식하고 있으며, 대체에너지 개발, 에너지 효율성 제고, 석유수요 관리 필요성을 인식하고 있다. 현재 경제적, 기술적 한계가 있는 상황에서는 대체에너지가 상용화되기까지 시간이 많이 소요될 것이다.

2006년 5월에 열린 '중국 에너지전략 세미나'에서 전문가들은 중국의 에너지 부족은 앞으로 25년간 계속될 것으로 전망했다. 근래 들어 중국의 경제발전속도가 자원개발속도를 크게 앞서고 있다는 주장이다. 중국 석유소비는 2005년 3.2억 톤으로 대외의존도는 약 50% 수준이다. 경제발전, 도시화 등의 주변환경을 종합해볼 때 2020년 석유소비량은 5억 톤에 달할 것이다.

중국석유발전연구부의 주젠권朱建軍은 "심각한 것은 2040년까지 석유소비는 계속 증가한다는 사실이다.”고 밝혔다. 중국의 석유부족은 8~10년간의 문제가 아니라, 향후 35년간 계속될 것이라고 주장했다.

그렇다고 해서 중국이 석유부족 국가는 아니다. 세계 각국은 석유자원의 매장량 정도를 5등급으로 구분하는데 중국은 3등급(평균) 수준이다. 최근 국토자원부가 3대 국영석유회사로 하여금 석유자원에 대한 탐사를 진행한 결과 석유매장량은 기존 160억 톤에서 220억 톤으로 증가했다고 발표했다. 향후 10년간 매장량이 계속 증가할 것이며, 석유탐사 전망도 밝을 것이라고 보았다.

중국 전문가들은 에너지 안전을 위협하는 4대 문제점을 지적했다.

첫째, 국제유가 급등에 따른 위험이다. 유가급등에 따른 추가 수입비용이 증가하고 있다. 2004년 석유수입액은 430여 억 달러였지만, 2005년에는 500여 억 달러로 급증했다. 석유 등 전략자원의 채굴이 갈수록 어려짐에 따라 비용도 급증하고 있다.

둘째, 석유 확보의 어려움이다. 전 세계 연간 원유 생산량은 38억 톤으로 자국 소비량을 제외할 경우, 무역량은 22억 톤에 불과하다. 석유 수입국들이 소리 없는 석유자원 확보전쟁에 나선 것도 무시할 수 없다.

셋째, 석유수송로 안전문제로, 중국은 1.4~1.5억 톤의 석유를 해외에서 수입하는데 70% 이상을 말라카 해협을 통해 수입하고 있다. 국제정세가 악화될 경우 수송루트의 안전을 위협받을 수 있다.

넷째, 정치적 위험으로, 전략물자인 석유자원을 확보하기 위해 에너지 외교를 강화해야 한다.

그리고 중국의 석유화학업종의 발전을 막는 4대 모순도 중국을 긴장시키고 있다. 석유화학산업이 지난 20년간 빠르게 성장했지만 동시에 발전을 막는 모순에 직면해 있다. 2005년 중국 석유화학산업의 공업생산액은 3.37조 위안(404조 원)에 달하고, 20여 품목의 생산량은 세계 수위를 차지하는 등 세계 석유산업의 생산 및 소비대국에 진입했다. 이렇듯 석유화학산업은 경제발전의 중요한 성장동력으로 빠른 발전을 이룩했지만, 오랫동안 조방적 성장에 의존함에 따라 산업경쟁력이 취약한 상태이다. 그래서 석유화학산업의 구조적인 모순이 날로 심화되고 있다.

- **모순 ❶** 20여 년간 해외기술에 의존한 발전전략으로 인해서 국제경쟁력과 독자적인 기술개발력이 떨어진다. 특히 석유화학 공업기술과 장비는 국제수준에 비해 15~20년 정도 뒤떨어진다.
- **모순 ❷** 빠른 발전에 따른 자원부족현상이다. 중국의 주요 에너지자원의 1인당 보유량은 세계 평균수준의 절반에도 못 미친다. 원유는 세계 평균의 8%, 천연가스 4.1%, 물 25%, 석탄 86% 수준에 불과해 중화학공업 등 에너지 다소비산업의 무질서한 발전도 자원부족을 부추긴다.
- **모순 ❸** 에너지절약 기술의 부족으로 낭비가 심각하다. 석유화학산업의 단위생산당 에너지 소비량은 선진국에 비해 15% 가량 많다.
- **모순 ❹** 환경오염 방지와 관련된 제도적 장치와 기술이 부족하다. 환경보호를 위한 예산 부족뿐만 아니라 기업과 지방정부의 인식부족도 석유화학산업의 발전을 가로막고 있는 셈이다.

중국의 원유생산량은 안정성장기에 진입할 것이다. 신화넷은 '115계획' 기간(2006~2010) 동안 중국의 원유생산량은 연간 1.85억~1.95억 톤에 달하고, 2020년 전후까지 안정추세가 지속될 것이라고 보도했다. 전국화학공업 간담회에서 중국은 이미 완벽한 석유공업시스템을 구축해 놓았다고 밝혔다. 동부, 중부, 서부 해안 4대 석유매장지역에 576개의 유전이 있고, 송유관 길이만 1.13만km에 달한다.

전문가들에 따르면 탐사기술의 발전으로 중국 석유의 신규 매장량은 1980년대 중반부터 빠르게 증가했다고 한다. 1984년 이후 최근까지 중국석유는 해마다 신규 매장량이 8억~9억 톤씩 증가했다는 것이다. '제10차 5계획 계획 기간'(2001~2005년) 중국의 석유 총 매장량은 69.31억 톤으로, 그 중에 중국석유는 47.69억 톤에 달한다. 석유탐사지역이 확대됨에 따라 매장량도 큰 폭으로 증가세이며 원유생산량은 안정 성장기에 들어갔다.

그런데 상반기 중국의 정유 수입액은 70% 증가했다. 중국은 전 세계 2대 석유 소비대국이며, 해외의존도는 40%에 달한다. 2006년 에너지 청서인 〈중국 에너지발전 보고서〉의 예측자료에서 2010년 석유 수입 의존도는 약 50%에 달할 것으로 전망했다. 청서에 따르면 석유안전문제가 도전을 받고 있어 수입석유의 의존도를 낮추어야 한다고 주장했다. 국제석유시장 경쟁에도 적극 참여해 국제협력을 강화하고, 석유안전을 위해 필요한 조치와 대책을 확실히 보장받아야 한다고 지적했다. 석유는 기초에너지로 전체 공산품 가격과 경제성장률에 영향을 미친다. 중국 에너지전략 연구센터 소장은 공식적으로 고유가로 인해 경제가 받는 충격은 매우 크다고 강조했다. 실제로 2005년 중국은 고유가로 인해 GDP가 0.4%~0.6% 둔화되었다고 분석했다.

중국 내 석유화학 투자환경이 변화하고 있다. 투자환경 변화의 첫째 요인은 공급측면에서 중국 내 석유화학제품의 자급률이 높아지고 있다는 것이다. 중국의 경우 급성장하는 수요에 비해 현저히 부족한 생산능력 때문에 세계 각지의 자금이 유입되어 많은 석유화학공장이 건설되었다. 이러한 투자급증으로 중국 내 석유화학공장의 생산능력은 비약적으로 증가하여 최근 수년간 자급률이 급격히 상승하였다.

둘째, 중국이 WTO에 가입함으로써 석유화학제품 관세율이 단계적으로 낮아지고 있다. 관세인하와 함께 각종 비관세 장벽도 완화될 것으로 예상되는데 이는 중국 석유화학산업의 보호장벽이 그만큼 낮아진다는 것을 의미한다. 중국정부는 수입비중이 높은 폴리에틸렌 등의 제품에 대해서 2008년까지 점진적이고 단계적으로 관세율을 낮춤으로써 단기간에 수입제품의 내수시장 점유율이 상승하는 것을 막고, 자국제품의 경쟁력을 높일 수 있는 준비기간을 충분히 확보하겠다는 전략을 선택하고 있다. 그러나 예정된 관세인하는 수입제품의 중국 내수 판매가격을 점진적으로 인하시켜 결국에는 수입제품의 시장점유율이 확대되는 결과를 초래할 것이다.

셋째, 수요측면에서는 중국 내 경제성장률이 둔화되고 있다. 중국 GDP성장률은 1992년 14.2%를 정점으로 하향추세에 들어갔다. 1991년부터 2000년까지 연평균 중국 GDP 성장률은 10.1%였고 2001년부터 2010년까지는 연평균 7.7%로 예상된다. 이러한 중국의 경제성장률은 연평균 3~4% 수준인 세계 GDP 성장률에 비해서는 여전히 높은 수준이지만, 성장률 수준이 하향조정된다는 것은 그만큼 석유화학 제품 수요성장률도 하락한다는 것을 의미하므로 대중투자를 계획하는 기업에게는 중국투자의 매력을 떨어뜨리는 요인이라고 볼 수 있다.

휘발유 및 경유 도매시장을 규율하게 될 규제법이 2007년 1월부터 시행될 예정이다. 대부분의 중소규모 석유도매회사들은 이 규제법이 중소규모 석유도매회사들에게 이롭게 적용될 것으로 본다. 중국 석유산업회의소(China's Chamber of Commerce for Petroleum Industry: CCCPI)는 이 규제법안 최종안에는 석유도매회사로 허가를 받기 위해서는 2년간 소매시장의 경력이 있어야 한다는 규정과 30개 이상의 주유소를 소유해야 한다는 규정이 포함되어 있지 않다는 점에서 중소규모 석유도매회사들에게 유리할 것이라는 견해를 표명하였다.

하지만 석유도매업자로 허가를 받기 위해서는 자본금의 규모도 매우 커야 하며 저장능력도 여유 있어야 하므로 기존의 소규모 석유도매회사들은 문을 닫아야 할 처지에 놓였다는 분석도 있다. 동 규제법안 최종안에 따르면 석유도매회사는 적어도 390만 불 이상의 자본금을 보유하고 있어야 하고 저장시설의 크기도 최소 1만 입방미터 이상이 되어야 한다고 규정하고 있다. 하지만 동 규제법 최종안은 석유도매업을 하기 위한 기초적인 규제를 한 것으로서 그 규제수준은 적정한 것으로 평가하였다.

중국 남부 광둥廣東성에 아시아 최대 석유정제 및 석유화학 단지가 들어선다. 홍콩의 문회보文匯報에 따르면 중국은 쿠웨이트와 다른 외국의 대형 석유화학기업과 함께 50억 달러를 들여 광둥성 주장珠江 삼각주지역에 연간 1500만 톤 규모의 석유정제화학단지를 건설하기로 했다. 이는 중국 외자유치 사상 최대규모다.

문회보는 이 단지가 조성되면 광둥성 일대는 아시아 최대의 석유정제 및 화학단지로 떠오르게 되며, 아시아의 에너지자원과 석유화학 판도도 크게 바뀌게 될 것이라고 전했다. 중국은 이를 위해 쿠웨이트와 대형 석유화학기업과 함께 공장부지를 정하기 위해 4개 지역에 대한 조사를 진행중이라고 한다. 문회보는 이 공장이 2006년 하반기에 착공될 것이라고 덧붙였다. 그러나 투자에 나선 석유화학기업이 어떤 곳인지는 알려지지 않았다.

이 같은 대규모 석유정제 및 화학공장 건설은 에너지자원 확보에 발 벗고 나선 중국의 전략과 깊은 관련이 있는 것으로 분석된다. 문회보에 의하면 이 공장에 공급되는 석유는 쿠웨이트가 60%를 담당하고 나머지 40%는 국제현물시장에서 사들인다지만, 실제 석유의 대부분을 쿠웨이트에서 공급받을 것이라고 전했다. 중국은 결국 합작투자자인 쿠웨이트로부터 대량의 석유자원을 고정적으로 공급받을 수 있게 된다.

중국은 현재 광둥성 정부를 중심으로 이 합작투자사업을 비밀리에 추진하고 있으며, 중국의 중앙정부는 이미 사업을 묵인한 것으로 알려지고 있다. 한편 그동안 중국이 끌어들인 외자유치 중 가장 큰 규모는 43억 달러(약 4조 3000억 원)로, 이번 석유정제 및 석유화학단지 건설이 확정되면 기존 기록은 깨지게 된다.

중국정부 주도로 1998년 6월에 중국 석유시장은 CNPC와 SINOPEC 양대 회사로 통합되었는데, 중국의 주요 소비처가 집중된 중국 동남부 시장은 SINOPEC, 다칭大慶 원유를 비롯해 중국의 원유생산이 집중된 북서부지역은 CNPC로 통합 흡수되었다. CNPC와 SINOPEC은 수직 계열화된 중국 최대의 석유회사로서 CNPC는 유전개발을 강점으로 중국

북부지역을 중심으로 정유사와 도소매시장을 보유하고 있다. SINOPEC은 중국 최대 소비지인 동남부시장을 보유하고 있으며, 유전 개발, 정유, 도소매 유통시장을 보유하고 있다.

주요기업으로는 중국석유천연가스그룹中國石油天然氣集團公司(CNPC), CNPC의 자회사인 중국석유천연가스주식회사中國石油天然氣股分有限公司(PETRO CHINA), 중국석유화공그룹中國石油化工集團公司(SINOPEC GROUP), 중국석유화공주식회사中國石油化工股分有限公司(SINOPEC CORP.), 중국해양석유공사中國海洋石油公司(CNOOC)가 있다.

워런 버핏도 선택한 장기투자의 정석 : 보험산업

2010년 중국은 아시아 3대 생명보험시장이 될 것이며 2015년 일본, 미국에 이어 제3대 금융시장이 될 것이다. 중국정부기관은 최근 몇 년 동안 사회보장시스템 영역에서 개혁압력을 받았으며, 기업연금의 증가 및 개인대상 투자종목의 다양화로 그 압력을 덜었다.

이것은 세계적인 컨설팅회사인 부즈 알렌 해밀턴Booz Allen Hamilton의 한 조사보고에 명시된 내용이다. 중국인구 노령화의 심화, 양로금제도 미비 및 사회보장 네트워크 결핍 등의 문제 때문에 저축률은 높고 소비율은 낮을 수밖에 없다. 중국정부는 개인, 정부 및 기업의 융자를 하나로 합치고 정년퇴직제도와 질병보험제도를 완비하고, 은행저축을 투자종목의 다양화로 대체하여 소비수요를 늘려야 할 것이라고 이 보고서에서 밝혔다. 부즈 알렌 해밀턴의 중국 금융서비스 업무 관리자인 앤드류 케니Andrew Cainey는 사회보장기금의 투자루트가 이미 활성화되었으며 앞으로 중국자본시장의 발전으로 더더욱 많은 투자상품이 출시될 것이며 중국 보험산업의 성장잠재력이 매우 크다고 밝혔다.

한편 맥킨지 컨설팅도 중국 보험시장의 급성장을 예상하는 보고서를 최근 출간했다. 이번 보고서는 중국 자동차보험 발전에 관한 것이다. 2010년에 중국 자보 거수보험료는 2400억 위안에 도달할 것이라고 예상했다. 2005년 자동차보험료가 820억 위안이었던 것을 감안할 때 해마다 20~25%에 달하는 빠른 성장속도를 보일 것이라고 했다.

황허청 맥킨지 베이징지점 이사는 "자보의 빠른 증가추세는 개인의 자가용 구매 증가와 최근에 실행된 자보 제3자 강제보험 조례의 영향이 크다"고 분석했다. 자보 제3자 강제보험은 책임의 한계를 더욱 넓혀 자동차 수리와 사고 관련 의료비용이 크게 증가하기 때문에 자보료 인상에 직접적인 영향을 주게 된다. 한편 자보에 대한 소비자들의 만족도는 높지 않은 것으로 나타났는데 맥킨지 조사 대상자의 60%가 보험사별 자보상품에 큰 차이가 없다고 응답했다.

중국사회가 소강사회로 진입하면서 서구 선진국에서 보편화된 소비시장이 점차 구축되고 있다. 그중 주목할 만한 시장은 보험시장이다. 서구화된 생활을 지향하는 경향이 커지면서 불의의 사고에 대비한 보험가입자도 늘어나 지난 1년 사이 36%가 보험에 가입, 1년 전보다 7% 포인트 상승했다.

이렇듯 2005년까지는 보험산업이 중국 경제보다 4배 가까이 빠른 속도로 성장했다. 중국의 청년층 인구비율이 높아 앞으로도 비슷한 성장세를 유지할 수 있을 것이다. 중국 관영 신화통신에 따르면, 지난 2001

년부터 2005년까지 5년간 중국의 보험산업은 연평균 35.0%씩 성장했다. 이는 같은 기간 중국의 국내총생산(GDP) 연평균 증가율 8.8%보다 4배 가까이 높은 수치다. 이 기간에 금융산업이 연평균 15.8% 성장했다는 점에 비추어서도 폭발적인 성장세다. 중국의 생명보험 설계사 1인당 수익성은 2005년 30.5달러를 기록했다. 세계 평균은 299.5달러이다.

중국은 2006년부터 오는 2010년 말까지 보험업 매출이 1조 위안(1250억 달러)을 넘어설 것으로 예상하고 있다. 특히 청년층과 중년층의 인구비율이 높다는 설명이다. 중국인의 25세부터 49세까지 세대가 지난해 인구의 40.2%를 차지했다. 시틱증권의 애널리스트인 황화민은 "인구증가와 함께 중산층이 늘고, 세제지원도 보탬이 되면서 중국의 보험산업이 앞으로 5년간 15% 이상 성장할 것"이라고 전망했다

중국이 지난 2001년 12월 정식으로 WTO에 가입한 이후 외국계 보험사들이 차츰 중국에 뿌리내리기 시작했다. 2001년 말 33억 위안의 거수보험료를 기록했던 외국계 보험사는 2005년 말에 341억 위안으로 9배의 높은 성장을 했으며, 시장점유율은 1.58%에서 6.92%로 높아졌다. WTO 가입 5주년을 맞은 중국정부는 그동안 WTO와의 보험시장 개방 계획을 공포하고 해마다 개방폭을 늘렸으며 모든 약속을 이행했다.

중국 보험시장에 2006년 말부터 독자 외국보험중개사가 설립된다. 이에 따라 설립규정이 합자에서 독자로 완화되는 것을 계기로 많은 외국보험중개사가 중국에 진출할 것으로 보여 중국 보험중개시장의 판도를 크게 바꿀 것으로 예상된다. 중국보험감독위원회는 보험산업의 개방문제에 대해 WTO와 약속한 대로 보험시장을 적정하게 개방하고 있으나, 앞으로도 현재의 규정을 유지해 자동차법정보험은 개방하지 않

고 독자 외국계 생명보험사도 50 대 50의 지분제한을 계속 유지할 것이라고 밝혔다.

지난 2005년 말 기준으로 외국계 보험사의 시장점유율은 6.92%다. 그러나 베이징, 상하이, 선전, 광저우는 각각 19.43%, 17.37%, 10.14%, 8.86%로 상대적으로 높은 편이다. 이 밖의 지역은 외국계 보험사 진출이 더딘 실정으로 지역불균형이 큰 문제로 대두되고 있다. WTO 5년 동안 600억 위안이 넘는 외국자본이 보험사설립과 지분참여를 통해 중국에 들어왔으며 2006년 10월까지 전국에는 47개의 외국계 보험사가 있으며 6개 보험사가 설립예비인가를 마치고 정식영업을 준비중이다. 거수보험료는 190억 위안에 이른다.

중국의 주간 잡지사인 '신보험'은 2007년 중국 보험시장의 큰 변화를 다섯 가지로 요약했다. 보험사 상장이 봇물을 이룰 것. 의료보험의 대대적 개혁이 이루어지는데, 중국은 사회보장제도를 한 단계 높이기 위해 여러 제도개선을 구상중이라는 것. 건강보험이 큰 변화를 맞게 되는데 새로 발표된 건강보험관리규정에 따라 원금보장형 건강보험상품은 2006년까지만 판매되고 2007년부터는 순수보장형 건보만 판매된다는 것. 자동차 제3자 강제보험의 보험료가 내릴 전망이라는 것. 보험설계사 관리가 등급제로 변화한다는 것 등이다.

2005년에 끝난 중국 10차 5개년 경제개발계획 기간 중 보험산업은 크게 발전했다. 거수보험료는 이 기간 중 해마다 25%가 넘는 초고속 성장을 해서 2005년 4928억 위안, 보험밀도(국민 1인당 지출보험료) 379위안, 보험심도(GDP에서 수입보험료가 차지하는 비중)는 2.7%이다. 이는 2000년 대비 각각 2.1배, 2배와 0.9% 증가한 수치다. 거수보험료의 세계 순위도 2000년에 16위에서 2005년에 11위로 뛰어올랐다. 보험사 총 자산도 1조 5296억 위안으로 2000년 대비 3.6배가 증가했다.

중국 보험산업의 특징은, 보험의 사회공헌도가 높아져 사회보장기 능에 더 많은 역할을 했다는 점이다. 농업, 양로, 건강, 책임보험 등 보 험의 역할이 늘어나면서 공헌도가 높아지고 기업연금도 보험과 불과분 의 관계가 됐다.

또한 보험개혁의 강도가 높아지고 있다. 국유보험사의 민영화 작업 은 큰 진전이 있었고 중국인민, 중국생명, 평안보험사는 각각 해외에 상장되면서 보험사 개혁의 새로운 방향을 제시했다. 시장을 중시하는 경영마인드가 보편화되면서 주식소유구조가 분산되고 내부통제에 많 은 관심을 갖게 됐다. 외국계와 민영자본이 대거 보험업으로 들어왔고 자산관리의 전문화도 차츰 자리를 잡아가고 있다.

보험시장의 구조가 정립되고 있어 보험사와 채널의 수도 크게 증가 했다. 2005년 말 현재 중국에는 82개의 보험사가 있으며 보험그룹(지주 회사)회사가 6개, 보험자산관리회사 5개, 보험대리회사 1313개, 보험중 개회사 268개, 보험손해사정회사 219개사가 있다. 겸업대리점이 12개 에 보험설계사가 152만 명에 달한다. 농업, 건강, 자동차 등 전문 보험 사가 계속 늘고 있으며 다양한 보험상품의 개발과 함께 방카슈랑스, TM, CM 등 채널이 급속도로 발전하고 있다.

대외개방 수준이 크게 향상되어 WTO 가입 후 외국계 보험사가 2000년 13개에서 2005년 40개로 크게 늘어났다. 외국자본이 지분에 참 여한 보험사도 22개로 늘어났다. 자동차보험 등 일부 외국계 보험사에 게 개방되지 않은 부분도 있지만 대부분 중국 보험사와 외국계 보험사가 평등하게 경쟁할 수 있는 시장상황이 조성됐다. 중국은 해외진출에도 조금씩 눈을 떠 대형보험사들은 외국진출 장기플랜을 세우고 있으며 보험감독도 외국의 감독기관과 협력으로 선진화를 모색하고 있다.

리스크 관리에도 큰 관심을 갖게 됐는데 감독기관은 보험사의 지급여력, 내부관리 등을 주요 감독정책으로 내세웠다. 2005년 말 보험업의 자본금이 1097억 위안에 도달한 상태에서 보험사의 상장과 자본금 증액을 적극적으로 지원했다.

중국의 11차 5개년계획은 '샤오캉 사회'를 만드는 것을 정책의 목표로 삼았다. 샤오캉은 전 국민이 중산층 정도의 생활을 할 수 있는 사회를 말하는 것으로 안정적인 사회발전에 보험의 중요성이 한층 강조되고 있다.

중국의 '국민경제사회 11차 5개년계획'과 '국무원 보험산업 개혁발전 의견서'를 바탕으로 중국보험감독위원회도 2006년 10월 보험업 발전 11차 5개년계획을 발표하고 전면적인 '샤오캉 사회'와 '조화로운 사회' 건설을 위해 보험업 발전계획안을 만들었다. 앞으로 5년은 중국 보험산업에 있어 변화와 개혁의 중요한 시기이며 위기와 기회가 공존하는 시간이라고 할 수 있다.

전문가들은 중국경제가 앞으로 8% 이상의 성장을 지속할 것으로 본다. 시그마지는 2005년 12월 연구보고서를 통해 2006년 중국 보험산업의 거수보험료가 6000억 위안에 도달할 것으로 예측했으며 BCG는 2008년 거수보험료가 8300억 위안에 이를 것으로 상당히 후한 점수를 주었다.

중국보감위의 2006년 10월 보고서에 따르면 거수보험료는 2005년의 두 배에 도달해 1조 위안을 넘어설 것으로 예측했다. 보험밀도는 750위안, 보험심도는 4%에 도달한다. 보험업의 총자산도 5조 위안을 초과할 것으로 내다봤다.

11차 5개년 경제개발기간에 중국정부는 해마다 7.5% 정도의 경제성장으로 2010년에는 2000년 GDP의 100% 성장을 목표로 삼았다. 중국 사회의 변화에 보험이 더욱 큰 역할을 하게 될 것이며, 사회제도가 정부주도에서 시장주도로 전환되면서 보험에 대한 전반적인 인식이 제고되고 보험수요도 다양한 방면에서 늘어나게 될 것이다.

금융시장의 빠른 변화에 따라 환율과 금리의 자율화를 바탕으로 보험감독의 어려움이 증대되는 한편 경제 전반의 리스크 증가는 보험산업의 필요성을 더욱 크게 할 것이며 개방화와 국제화의 추세에 따라 다양한 선진기법이 중국에 들어오고 감독체계도 빠르게 개선되면서 중국 보험산업은 세계 보험시장과의 격차가 점차 줄어들 것으로 예상된다.

2004년 말 현재 중국 보험시장 규모(수입보험료 기준)는 522억 달러로 세계 보험시장에서 11위를 차지했다. 인신보험과 재산보험의 수입보험료는 각각 386억 달러, 136억 달러로 전체 보험시장에서 74%와 26%의 비중을 차지하고 있어 생명보험시장의 규모가 손해보험시장의 3배에 달했다.

중국 보험시장은 개혁개방 이후 연평균 약 30%의 고속 성장세를 보이고 있으나 아직 보험시장 발전 정도는 매우 낮은 수준이다. 중국 보험밀도insurance density는 40.2달러로 세계평균 512 달러보다 현저히 낮으며, 보험심도insurance penetration도 3.26%로 세계평균 8%를 크게 밑돈다. 보험시장 발전이 지체된 가장 큰 이유는 그동안 사회주의 체제 유지로 인해 보험상품 구매 필요성이 크지 않았다는 데 있으며 그 밖에 경쟁제한, 자산운용에 대한 엄격한 제한 등으로 보험산업 발전을 위한 기초여건이 마련되지 않았기 때문이다. 최근 시장경제의 확산과 보험업의 대외개방으로 중국 보험시장은 급격한 변화를 겪고 있다.

현재 중국 보험산업은 역사적으로 형성된 전형적인 과점체제로 3대 생보사(중국인수, 평안인수, 태평양인수)와 3대 손보사(중국인보, 태평양재산, 평안재산)의 시장점유율(04년 말 기준)이 각각 75%와 80%에 달한다. 2004년 말 중국 보험회사는 69개이며 이중 32개는 중국 내 보험회사, 37개는 외국계 보험회사이다. 외국계 시장점유율은 3% 미만으로 2004년 말 수입보험료를 기준으로 한 외국계 보험회사의 시장점유율은 생보가 2.64%, 손보가 1.21%에 불과했다. 2004년 말 보험회사 총자산은 1,433억 달러이며 주로 은행예금(약 55%)과 채권(약 25%)에 투자하고 있다.

최근 중국 보험산업의 동향을 살펴보면 외자계 보험회사의 신규진입 및 지점확대로 활발하게 현지법인subsidiary 또는 합작사joint venture를 설립하고 있다. 그리고 대형 국유기업들은 중국 보험시장의 성장 가능성과 엄청난 보험창출 능력을 보고 시장에 참여하고 있다. 중국석유화학Sinopec, 중국남방항공, 중국알루미늄, 중국국가대외무역운수(SINOTRANS), 광동전력의 5개 국유기업은 양광재산을 설립하고 영업을 개시했다. 국영항공사와 외국보험사의 합작보험사를 설립했는데, 동방항공과 중국항공, 삼성생명 등이 그 예이다. 교통은행도 보험산업에 진출할 계획으로 알려졌다.

또한 자산운용대상의 다양화로 보험회사의 주식투자 허용은 보험자산 운용대상 확대와 증권시장 수요기반 확충을 위해 그동안 금지되었던 보험회사의 국내 주식시장 직접투자를 총자산(2004년 말 약 1,400억 달러)의 5% 한도 내에서 허용했다.

중국 공산화 이후 1949년 중국인민보험공사(PICC: People's Insurance Company of China)가 설립되었으나 중국정부가 모든 위험을 보장해주는 사회보험체제를 채택하여 1979년까지 업무가 중단되었다. 이후 개혁개방과 더불어 1980년부터 PICC는 손해보험업무를 재개하여 80년대 말까지 독점적 보험사로서의 지위를 누렸다. 이후 PICC는 80년대 말에서 90년대 초에 중국인수, 평안보험, 태평양보험으로 분리되어 과점체제가 형성되고, 이후 평안보험과 태평양보험은 손해보험업무와 생명보험업무가 분리되어 현재와 같은 생보 3사, 손보 3사의 과점체제가 형성되었다.

향후 10년간 고속발전 예상 : 항공산업

중국은 인구 13억 명, 남한의 약 100배에 달하는 국토 규모(960만 km²)에 연간 교역규모가 1조 4,000억 달러에 달하는 '세계의 공장'으로 불릴 만한 나라이다. 중국을 드나드는 사람만 연간 7,000만 명에 달하며 앞으로 5년 뒤면 항공수요가 두 배 이상 증가될 것으로 예상된다.

중국은 2006년부터 항공산업을 집중 육성하겠다는 야심찬 계획을 세웠다. 세계 최대규모로 급팽창한 자국의 항공기 시장을 외국에 뺏기지 않기 위해서다. 그뿐만 아니라 10년 안에 미국 보잉사, 유럽의 에어버스사와 함께 세계시장을 삼분하겠다는 '천하삼분지계天下三分之計'의

포부까지 밝혔다. 중국은 향후 20년 동안 1700여 대의 여객기(좌석 110석 이상)를 발주할 전망이다. 군사적 의도도 작용하고 있다. 항공기 제작기술이 첨단전투기를 개발하는 데 그대로 응용되기 때문이다.

이에 보잉사는 〈2006년 중국시장 전망보고서〉를 통해 중국은 향후 20년간 약 2900대의 신형 항공기가 필요하며, 시장규모는 2,800억 달러에 달한다고 전망했다. 중국은 미래 20년간 세계에서 가장 빠르게 성장하는 시장이고, 미국 다음의 가장 큰 시장이라는 전망 속에서 나온 보고서이다.

원자바오溫家寶 총리는 취임 직후인 2003년 5월 한 통의 편지를 받았다. 중국과학기술원 과학자 20여 명이 연명으로 보낸 편지였다. "중화민족 부흥을 위해 가장 먼저 항공산업을 육성해야 한다. 항공산업 없이 첨단기술을 얻을 수 없고, 첨단기술 없이 미국과 유럽의 장벽을 넘을 수 없다…." 며칠 뒤 원 총리는 과학자들을 불러 "우선 시장을 내주고 기술을 확보하라"고 지시했다.

원 총리는 2005년 12월 초 프랑스 방문 당시 에어버스 A320 여객기 150대 구매계약을 했다. 금액으로는 100억 달러나 된다. 대신 프랑스는 첨단기술 이전을 약속했다. 중국 항공부 관리는 "이번 구매계약은 기술 확보를 위한 수업료다. 2006년은 중국 항공산업이 비상飛翔하는 원년이 될 것"이라고 강조했다.

중국이 원하는 효과는 바로 나타났다. 에어버스사는 2005년 12월 최신기종인 A320 날개 조립공장을 7년 안에 영국에서 중국으로 옮기겠다고 발표했다. 에어버스사의 중형 항공기 조립공장 역시 중국으로 이전

될 전망이다. 이 회사 구스타브 홈베르트 최고경영자(CEO)는 "현재 34%인 중국시장 점유율을 50%까지 높이려면 기술 이전이 불가피하다"고 말했다. 또한 프랑스는 6억 유로(약 7190억원)를 투자해 중국과 함께 6~7톤급의 민영 헬리콥터를 공동 개발키로 했다. 16명이 탑승하고 직강하가 가능한 EC175 기종이다. 군사용으로도 응용할 수 있는 최첨단기술을 갖췄다. 2009년 하얼빈哈爾濱 공장에서 생산할 계획이다.

2008년 베이징 올림픽과 2010년 상하이 엑스포 등 국제적인 행사와 더불어 세계 여행객들의 중국방문은 더욱 늘어날 전망이다. 동양문화의 신비감을 간직하고 있는 중국은 전통적인 관광중심지로 부각되었지만 앞으로는 국제 비즈니스의 중심지로서 세계인이 방문하게 될 것이다.

그래서 중국 항공산업은 이미 오래 전부터 중대한 변화를 준비했다. 구조조정과 대변혁을 통해 경쟁력 확보에 노력하고 있는 것이다. 이는 합병을 거친 주요 항공사에만 국한되어 있는 것은 아니며 공항, 운항관리, 안전, 보안 등을 포함한 산업전반에 걸쳐 변화를 모색하고 있다.

중국경제의 안정적 성장세와 더불어 중국 민영 항공업계는 비교적 높은 성장률을 유지하고 있다. 1990년부터 2003년까지 중국의 국내총생산(GDP) 연복합 증가율(CAGR)은 9.67%다. 같은 기간 민영항공사의 여객수송량 및 화물운송량 연복합 증가율은 각각 13.65%와 14.66%로 나타나 GDP 증가율을 웃돌았다.

항공업계는 여타 운송수단과의 비교에서도 높은 수준의 성장률을 보였다. 1991년부터 2002년까지 중국 민영 항공업계의 여객수송량 연복합 증가율은 13.29%에 달한 반면 철도 0.96%, 고속도로 7.26%, 수상운송은 -2.99%로 나타나 큰 격차가 났다. 화물 운송량 역시 항공의 14.58%에 비해 철도는 2.67%, 고속도로 3.89%, 수운 4.95%로 낮은 수치다.

세계무역기구(WTO) 가입과 베이징 올림픽 등으로 인해 중국경제는 개혁개방과 함께 고속 발전을 지속할 전망이다. 향후 10년간 중국의 평균 GDP 증가속도는 8%로 전망됨에 따라 항공업계의 성장속도도 향후 5년간 15%, 5~10년간 10%의 수준을 유지할 것으로 예상된다.

현재 중국 민영항공의 여객분포 비율은 여전히 비즈니스 고객이 선두를 점하고 있지만 여행객의 비율 또한 지속적으로 증가하고 있다. 여행객 증가로 인한 항공수요 증가를 기대해볼 만하다. 중국 민영 항공업계는 2002년 말 3대 민항그룹으로 재편 후 정부관리 위주에서 시장 위주로의 전환을 맞게 됐다. 각 항공사의 영업활동 또한 보다 자율화돼 시장수요 예측과 항공사 재무상황에 따라 항공기를 구입하고 그에 따라 탑승률도 상승할 것으로 기대된다.

중국 항공업계 대외개방과정은 국제 원유가격의 움직임 및 인민폐 환율변동, 금리인상 등과 같은 여타 요소의 영향을 배제할 수 없을 것이다. 인민폐 평가절상의 시행은 중국 내 항공업계에 호재로 작용할 가능성이 크다. 인민폐의 달러 대비 평가절상이 이루어지면 달러 부채 및 그 이자의 상환액이 줄어들게 되고 따라서 외화부채 비율이 높은 항공업계는 이로 인해 재무비용을 절감할 수 있을 것이라는 예측이다.

'외국자본의 중국 민항 투자에 관한 규정'이 발표된 2002년 8월 이후로 항공업계 대외개방의 움직임은 이제 되돌릴 수 없는 대세가 되었다. 2003년 말 민항총국의 하이난성 항공시장 시범개방을 시작으로 지난해

7월 중·미 신항공운수협정 체결, 9월에는 홍콩과 중국내륙간 항공시장 개방에 더욱 주력할 것을 약속했다. 따라서 중국의 항공업계는 이제 중국 내 항공사의 경쟁이 아닌 국제 항공사의 경쟁의 장이 될 것이다.

중국민항은 빠른 발전과 더불어 여러 가지 모순과 문제점을 안고 있다고 중국 민항총국 부사장인 디아오영하이가 '제1차 항공운속의 지역경제 발전 세미나'를 통해 밝혔다. 공항건설과 발전에 걸림돌이 되는 3가지 문제를 지적했는데, 항공 선진국과 비교해 중국 공항은 상당히 낙후되어 있다는 것, 중국 민간항공 수요가 급증하면서 여러 공항의 시설용량은 이미 포화상태라는 것, 자원절약형, 친환경의 공항건설을 추진하는 동시에 항공시장의 지역화, 중추 공항주도, 저렴한 운영비, 지능화된 운송방식 등의 추세가 뚜렷해지고 있음을 지적한 것이다.

이에 신화넷은 2010년 말까지 중국 공항 수는 2005년 말 142개에서 190개로 증가할 것이라고 보도했다. 서부 대개발, 동북지역 진흥책, 중부지역 발전과 여행산업의 비약적인 성장으로 민간비행장 건설이 시급한 과제로 부상해 향후 5년간 대형공항을 확충하고, 중형공항을 완비하며 소형공항을 신규 건설할 계획이라는 것이다. 이를 위해 외국기업에 중국 민항산업에 대한 투자를 권장할 방침이라고 한다. 5년 뒤에 민간항공업은 국가교통에 중추산업으로 기여할 전망이라는 시각이다.

2005년 말 현재 중국 항공사들이 보유한 비행기 수는 총 859대, 고정자산 규모는 200억 위안이며, 공항은 145개로 집계되었다. 그중 98개 공항에 국외선이 있다. 2006년 1/4분기, 민항업은 양호한 성장세를 유지하고 있다.

중국 항공업의 급성장으로 주요 공항은 두 자리 수의 성장을 보이고 있다. 이들의 성장은 세계 기타 공항에 비해 빠르며 국제 공항업에서 순위도 점차 상승하고 있다. 북경, 상해 및 광주 등 3개 공항의 여객수송량은 중국 공항 여객수송량의 37.3% 내외를 점하고 있다.

2002년도 산업 통합을 거쳐 현재 중국 항공수송업은 주로 6개의 주요 경쟁자로 구분된다.

● **중항그룹** 국제항공, 심천항공, 산동항공, 국화항 등이 있다. 그중 주요 항공사인 국제항공은 국제선에서 시장점유율이 50% 이상이다. 국제항공은 북경에서 상당한 경쟁력을 확보했으나 화동 및 화남지역에서는 상대적으로 약세다.

● **동항그룹** 동방항공, 무한항공, 중화항 등이 있다. 동방항공은 상해를 중심으로 유럽, 미국, 호주, 동남아시아 및 인도로 통하는 국제선과 비교적 완비된 국내선을 보유하고 있다. 서부지역에서는 곤명, 서안을 중심으로 하고 있으며, 서남 및 서북 지역에서도 강력한 망을 갖추고 있다. 그러나 동북, 화북-화남 지역에서 경쟁력은 약세다.

● **남항그룹** 남방항공, 하문항공, 우편항공, 사천항공 등이 있다. 남방항공은 국내 여객수송에서 1위이며, 광주, 심양, 우루무치 등을 중심으로 하고 있다. 북경 수도국제공항의 1호 터미널 사용권도 확보했다. 그러나 화동, 서남, 화동-화북, 화동-서남 시장에서 경쟁력은 다소 약세다.

● **해항그룹** 해남항공, 산서항공, 신화항공, 장안항공, 양자강택배 등이 있다. 현재 소로스 펀드, 해남정부당국 등 전략적 투자자를 유치했으며, 상기 항공사들을 기반으로 중국신화항공이 선보일 예정이다. 이로써 중국 내 4위의 항공그룹으로 도약할 수 있을 전망이다.

● **상해항공** 상해항공, 연합항공 등이 있다. 상해항공은 상해를 중심으로 지역적으로 경쟁우위에 있으며, 항선구조, 비용관리 등에서 일정한 경쟁력이 있다.

● **민영항공** 오케이항공, 춘추항공, 동성항공 등이 있다.

2006년 중국의 항공수송능력 증가폭은 12% 내외로 예상되지만 RPK 성장률은 15% 내외로 운송능력 증가폭을 상회할 전망이다. 그러나 항공사간의 가격경쟁은 여전히 불가피하다. 중국의 항공업 발전속도는 놀라울 정도이지만 항공사들은 가장 큰 수혜자가 되지 못했다. 항공사들의 국제선의 시장점유율은 1998년 50%에서 2004년 46.5%로 하락했다. 국제항공사들과 비교할 때 중국항공사들은 규모가 작고 항선 분포가 안정적이지 못해 경쟁력이 떨어졌기 때문이다.

그래서 치열한 경쟁과 유가 부담으로 영업비용을 낮추고, 운영효율을 제고하기 위해 향후 항공사 간의 통합 및 인수합병은 더욱 빈번해질 것으로 예상된다. 공항은 독점적 우위가 있는 산업으로 항공사처럼 경쟁이 치열하지 않지만 인접한 공항 간에는 경쟁이 불가피할 것이다.

고유가 부담으로 2005년도 각 항공사의 경영실적은 대폭 악화되었다. 그중 동방항공과 상해항공은 약간의 수익을 올렸으나 남방항공은 대규모 적자를 기록했다. 2006년 들어 항공유 가격이 천정부지로 치솟은 가운데 1/4분기 각 항공사들은 모두 적자였다. 그러나 중국 항공수송업의 급성장과 2008년의 북경 올림픽을 계기로 중국의 항공사들은 2008년에 흑자로 전환할 전망이다.

연평균 15%의 지속적인 성장 : 통신산업

중국의 통신산업은 가장 변화가 빠른 분야 중의 하나이다. WTO 가입 전부터 통신업계의 구조조정이 가속화되었고, 가입과 더불어 중국의 전신법을 공표, 외국 통신사업자의 중국 시장진입 가이드라인도 제시했다.

중국 신식산업부는 베이징에서 개최된 '2006년 중국 통신산업 발전 및 정책발표회'를 통해 3G 구축관련 계획과 '통신법', '우정법' 제정 등에 대한 세부사항을 공개했다. 신식산업부 부부장 로우진첸은 관심이 집중되고 있는 3G와 관련, 중국은 이미 3G 발전조건을 모두 갖췄으며, 이동통신 사업자들의 3G 준비, 서비스 개발, 시장교육, 상용화 등도 무리 없이 추진되고 있다고 전했다.

중국 신식사업부는 2006년 5월 말 기준 전국 전화가입자 수는 7.8억 명을 상회하고, 그 중에 휴대전화 사용자는 4.2억 명, 유선전화는 3.63

억 명이라고 발표했다. 통계자료에 따르면 신규 휴대전화 가입자는 월
평균 547만 9천 명으로 2005년 말보다 2740만 명이 늘어난 수치이다.
유선전화 가입자 수는 월평균 257만 명이 늘어 2005년 말 대비 1289만
명이 증가했다고 한다. 유선전화 보급률은 100명당 27대, 휴대전화는
100명당 30.3대이다. 이동통신의 발전에 따라 데이터서비스(SMS) 사용
량이 급증해, 2006년 5월까지 문자송출이 1679.5억 건으로 전년 동기
대비 46.3% 증가한 셈이다.

신식자원부 관계자는 2006년 말 휴대전화 사용자는 4.41억 명에 달
할 것으로 전망했다. 중국은 2001년 세계 최대의 휴대전화 사용자 시
장으로 부상했고, 향후 몇 년간 빠른 성장세를 보일 전망이다.

현재 전 세계 휴대전화의 1/3은 중국에서 제조된 것이다. 휴대전화
제조분야에서 중국의 우세는 갈수록 높아지고 있으며, 중국 내 정보기
술산업에서 휴대전화 제조업 자체의 역할 또한 더욱 중요해졌다. 경쟁
이 치열한 중국시장에서 아직 여러 가지 문제가 있지만, 이미 전 세계
휴대전화 제조업체의 성장과 전략을 좌지우지하는 중요한 시장이 된 것
은 자명한 사실이다. 휴대전화 제조업이 중국시장에서 빠르게 발전한
것은 결국 전 세계 통신 단말기 시장의 발전구도를 변화시킬 것이다.

중국의 통신산업정책은 휴대전화 시장에 대해 근본적인 영향을 주고
있으며 WTO 체제 하에서 중국 통신업은 날로 개방되고 있다. 경쟁력
있는 제품의 원가를 낮추고 서비스의 질을 향상하며, 신기술 도입을 통
해 빠른 발전을 가져오는 것은 이미 산업발전의 주요 동력으로 지목되
고 있다. 2007년 중국은 외자기업으로 하여금 중국 내 통신 경영업무

에서의 지역제한과 합자회사 주식소유 비율을 더 한층 개방할 예정이다. 외자기업이 통신사업자 경영에 참여하는 역량이 강화될수록 단말기 경쟁에 있어서도 미묘한 영향을 주게 될 것이다.

지금까지 이동통신산업 발전으로 보면 중국 이동통신 단말기 시장은 빠른 발전상을 보이고 있지만, 기술개발과 업무모델은 세계 선진시장의 추종과 모방에서 완전히 탈피하지 못하고 있다. 지금까지 전 세계 1/3의 이동통신 사용자를 점유한 시장으로서 중국시장은 전 세계적으로 기술과 업무의 발전에 있어 가장 활발한 지역이 됐으며, 연구개발과 혁신 등은 날로 향상되고 있다.

중국정부는 이동통신산업을 민족산업으로 발전시키기 위하여 중국 휴대전화 생산업체에 대하여 정책, 재정, 기술 및 시장판매 등에서 적극적인 지원정책을 실시하고 있는 반면 외국업체 및 합작기업에 대해서는 엄격한 배분제도를 실행하여 양적인 제한을 강요하고 있으며, 국가수매 재판매 비율을 엄격히 제한하였다. 또한 중국 휴대전화산업의 기술이 낙후하고 핵심기술을 외부에 위탁하는 문제를 해결하기 위하여 이동디지털기술의 소프트웨어, 하드웨어를 지원하여 전문 프로젝트에 대한 입찰 연구개발을 실시하고 있다.

한편 중국정부는 제3세대 이동통신시스템의 발전전략을 적극 추진하고 있다. 중국은 제3세대 이동통신시스템 발전에 유리하고 다양한 조건들을 구비하고 있는데 가장 큰 장점은 막대한 잠재 수요층이다. 중국은 세계에서 이동통신 발전이 가장 빠른 나라 중의 하나이다. 가입자의 제품에 대한 요구도 갈수록 높아지고 있다. 중국의 통신산업 발전은 중국의 거대한 시장수요에 의한 것임을 알 수 있다. 중국의 유선 네트워크 교환기나 GSM시스템 산업은 모두 경쟁이 치열한 중국시장에서 발전되었다. 따라서 거대한 시장수요는 중국 통신설비 제조업의 발전을 촉진하게 될 것이다.

또 다른 관점에서 보면 중국정부와 기업이 CDMA기술에 상당한 관심을 보이고 있다. 중국은 TD-SCDMA 무선통신기술의 특허권을 가졌다. 이 기술은 동기식Synchronous CDMA, 소프트웨어, 지능안테나 등의 기술영역에서 선도적인 위치에 있으며 ITU로부터 제3세대 이동통신표준의 하나로 인정받았다.

중국 이동통신시장은 2008년 베이징올림픽을 앞두고 급속도로 변화하고 있다. 최근 중국 통신업계에 따르면 중국당국은 원래 2006년 가을 3세대(G) 이동통신표준을 확정키로 한 방침을 변경했는데, 기술독립을 위해 독자적으로 개발한 3G 기술인 'TD-SCDMA(시분할 연동 코드분할 다중접속)' 시범 서비스를 2007년 1월 중순부터 본격화해 이를 우선 3G 표준으로 선정하고 사업자를 선정할 방침이다.

중국 신식산업부는 2007년 1월 중순부터 베이징北京, 상하이上海, 광저우廣州, 선양瀋陽, 칭다오靑島, 톈진天津, 충칭重慶 등 12개 주요도시를 대상으로 TD-SCDMA를 이용한 3G서비스를 국영기업의 우량고객 2만 명을 대상으로 실시할 것이라고 밝힌 바 있다. 기존의 중국 이동통신시장의 판도를 획기적으로 바꿀 이번 3G 서비스 시범사업은 카메라, 이메일, 음악감상, 게임뿐만 아니라 휴대전화 텔레비전, 영상뉴스 등 3세대 이동통신의 핵심기능을 모두 담고 있다.

중국은 2006년 말까지 막바지 상용화 준비를 마무리하고 2007년에는 창장長江삼각주, 주장珠江삼각주, 환보하이渤海만 지역으로 확대하고 베이징올림픽이 열리는 2008년에는 전국 도시로 서비스망을 전면 보급할 계획이다. 유선은 차이나텔레콤(CT)과 차이나넷콤(CN), 이동통신은 차이나모바일(CM)과 차이나유니콤(CU) 등 4개 국영회사 체제로 운영하던 기존 틀을, 이 3G 시범서비스를 통해 완전히 뒤바꿔놓을 가능성이 높다는 것을 의미한다.

현재 차이나모바일과 차이나유니콤의 두 업체에 의해 서비스가 제공되는 시장구조에서 GPRS가 일부 지역에서 이미 서비스가 개시되었고, 차이나유니콤은 2005년 말부터 CDMA 방식 서비스를 시작하여 cdma2000 방식의 선택에 조금 더 유리한 위치를 차지했다. 중국의 이동통신산업은 이미 최근 몇 년간 경제적인 측면에서나 기술적인 면에서 매우 큰 성과를 거두고 있다.

차세대 서비스를 준비함에 있어서 차이나모바일은 25개 도시와 16개 지방에서 GPRS를 선보이고 있으며 차이나유니콤은 CDMA 네트워크를 구축하기 시작했다. 이러한 일련의 활동과 정황을 고려할 때 3세대 서비스에 대한 허가는 이 두 사업자에게 주어질 것이 거의 분명하게 드러나고 있다.

새로이 시장경쟁에 참여하게 될 사업자로는 중국 최대의 통신업체인 차이나텔레콤과 차이나네트콤이 유력하게 거론되고 있다. 그러나 아직까지 구체적이고 확정적인 내용으로 3세대 이동통신의 사업자 및 표준선정이 발표되지 않은 상황에서 현재까지의 대체적인 견해는 약 3~4개의 사업자와 3개의 표준, 즉 W-CDMA, cdma2000, TD-SCDMA 방식 모두 시장에 참여하게 될 것으로 전망할 수 있다.

2006년 중국 4대 통신 운영업체, 차이나모바일, 차이나유니콤, 차이나텔레콤, 차이나네트콤의 경영실적을 비교한 결과 차이나모바일의 독보적인 행진이 계속된 것으로 나타났다. 중국의 이동통신 수요가 꾸준히 증가하고 있고, 이동통신분야는 여전히 성장여지가 상당하다고 볼 수 있다. 또한 4대 통신업체들의 총 투자규모는 전년 동기에 비해 소폭 증가했다. 그리고 3G사업의 최종판도는 확정되지 않았으나 점차 윤곽이 그려지는 형국이라, TD-SCDMA는 중국 3G사업의 가장 큰 이슈이자 결정적 요인으로 3G 테마주들의 흐름에 직접적인 영향을 미치게 될 것으로 전망된다.

중국의 통신업체 현황

● 중국전신(China Telecom)

| 매출액 1,710억 위안(2000년)

| 유선전화 가입자 1억 7,900만 명(2001년 말)

1994년 우전부 산하의 우전전신총국이 중국전신으로 기업화되면서 유선전화, 이동전화, 무선호출 및 위성통신사업을 하는 제1종합 통신사업자가 되었다. 1999년 사업영역별로 4개 회사로 분리하여 유선전화 사업자인 중국전신, 이동전화 사업자인 중국이동, 무선호출 사업자인 국신심호, 위성통신 사업자인 중국위성이 각기 독립적으로 설립되었으며, 그중 무선호출 사업자는 중국연통에 흡수 합병되었다.

● **중국이동(China Mobile)**

| 매출액 1,116억 위안(2000년)

| 이동전화 가입자 1억 500만 명(2001년 말)

1999년 중국전신에서 이동전화 사업부문으로 분리된 이후 2000년에 이동전화 사업자인 중국이동통신집단유한공사가 정식 설립되었다. 중국 제1의 이동전화 사업자로서 가입자 규모면에서 세계 1위이다. 이동전화, 데이터 통신, 인터넷 등의 사업영역이 있다.

● **중국연통(China Unicom)**

| 매출액 360억 위안(2001년)

| 유선전화 가입자 4,000만 명(2001년 말)

1994년 7월 당시 중국 전자부, 철도부, 전력부를 대주주로 하여 중국연합통신유한공사가 발족되어 이동전화사업을 중심으로 유선전화, 인터넷, 데이터통신 및 무선호출사업 등을 하고 있다. 1999년에 중국전신에서 분리된 국신심호의 무선호출사업을 양도받아 기업 규모가 배가되었다.

● **중국망통(China Netcom)**

| 매출액 3억 위안(2000년)

1999년 10월 중국과학원, 중국광파전영전시총국, 철도부 및 상하이 시정부가 공동출자하여 자본금 1억 2,000만 위안으로 설립된 회사로 장쩌민 주석의 아들이 이사회 구성원으로 되어 있다. 전국적인 IP네트워크를 활용하여 IP전화사업에 주력하고 있으며, 전국 약 100개 도시에

네트워크를 보유하고 있다. 국내 및 국제 장거리 IP전화서비스, 망 임대서비스, 고속인터넷 접속서비스, IDC관련 주요서비스 및 VPN사업 등을 하고 있다.

● 대당공사大唐公司

대당전신大唐電信은 중국에서 최초로 CDMA기술 개발에 참여한 통신업체로 중국에서 가장 먼저 이동통신기술의 연구개발과 설비제조를 시작했다. 다년간의 발전을 거쳐 연구개발과 생산능력이 우수한 업체로 성장하였고 많은 기술성과를 거두었다. 중국에서 자체 개발한 GSM시스템, CDMA시스템은 모두 대당에서 개발한 것이다.

대당전신은 퀼컴Qualcomm사로부터 연구개발에 필요한 소프트웨어, 칩 및 관련 기술자료들을 양도받게 되며 퀼컴사는 테스트 설비와 관련기술을 지원하게 된다. 따탕전신과 퀼컴사의 합작은 CDMA기술의 중국에서의 산업화 촉진과 중국 제3세대 이동통신의 발전에 도움이 될 것이다.

● 중흥中興통신

한국의 LG정보통신주식회사는 중국의 중흥통신유한회사와 협의를 체결하였는데 3,000만 달러를 공동투자하여 선전에 통신설비 생산판매업체를 설립하게 된다. 중흥과의 합작은 LGIC에게 중국의 CDMA시장과 차세대 이동전화 제품시장에 진입할 수 있는 기회를 제공하게 된다.

중흥회사에서 연구개발한 CDMA 시스템은 이미 상용화가 가능하며 중국시장에서의 CDMA 추진에 필요한 기술과 자금의 준비가 완료된 상태이다. 선전중흥통신회사는 GSM 네트워크 기술의 개발초기에, CDMA로 눈길을 돌려 관련국가들과 기술의 합작개발을 진행하였으며 CDMA 기지국 시스템과 단말기의 연구개발에 대규모 자금을 투입하였다. 한편, 2000년 6월의 상하이 국제통신설비 전시회에서는 교환설비에서 단말기에 이르는 CDMA 시스템 제품을 출시하였으며 CDMA 제품의 국산화 기술을 보유하고 있다.

● 푸톈普天

CDMA 기술의 핵심부분인 기지국 시스템기술이 최근 중국 푸톈정보산업그룹에 의해 개발되었다. 이는 중국이 CDMA 이동통신 기지국 시스템의 핵심기술을 기본적으로 확보하여 산업화의 기반을 확보했음을 의미한다.

● 하이신海信그룹

하이신그룹은 제3세대 디지털단말기 분야에 주력하고 있으며, 산둥山東성 정부의 대대적인 지지를 받고 있다. 하이신그룹은 미국 퀄컴사와 CDMA특허권 연구개발 협의를 체결하여 제3세대 1X 다중주파수 기술표준에서 자체 지적재산권을 소유한 디지털단말기 제품을 개발하게 된다. 하이신은 1억 위안을 제3세대 통신기술의 연구개발과 테스트센터에 투자하였으며 대규모의 전문인력과 제3세대 디지털단말기 개발에 우수한 기술력을 확보하고 있다.

● **화웨이華爲회사**

화웨이기술회사는 CDMA 핵심네트워크 솔루션의 개발에 성공하여 이동통신영역에서 새로운 돌파구를 마련하였다. 주요 제품으로는 MSC/VLR, HLR/AC, OMC, GMSC, 이동지능 네트워크, 고객 서비스센터 등이 있다. 교환시스템은 국제 및 국내 표준의 관련요구에 부합되며 인터페이스의 설계가 자유롭고 시스템 처리능력이 강하며 업무기능이 완벽하고 유지보수가 편리한 장점이 있다.

● **챠오싱회사僑興公司**

광둥廣東후이저우惠州쵸우싱그룹은 한국의 현대전자와 CDMA 시스템 및 단말기의 생산합작 계약을 체결하여 1단계로 6,000만 달러를 투자하였으며, 챠오싱과 현대전자는 각각 60%와 40%의 주식을 보유하게 된다. 챠오싱그룹은 중국에서 최초로 CDMA 시스템과 단말기 분야에 투자하여 핵심기술의 확보와 인력의 현지화, 제품의 국산화를 원칙으로 사업을 추진하고 있다.

세계 최대의 수입시장 : 철강산업

중국의 철강업은 1990년대 들어 비약적으로 발전했다. 중국정부가 본격적인 개혁개방정책과 외자유치를 통하여 철강업을 대표적인 국가전략사업으로 육성하고 있기 때문이다. 철강생산은 1996년 1억 톤을 넘어선 이래 세계 1위를 기록하고 있다.

2005년 중국의 철강생산량은 세계 총량의 31%를 차지했다. 이는 일본, 미국, 러시아, 한국, 브라질 5대 철강생산량을 모두 더한 규모이다. 관련통계에 따르면 2006년에도 철강생산량과 수출량 역시 급증했다.

그러나 중국철강협회는 철강무역상 세미나에서 2008년부터는 철강생산량 증가율이 5% 이하로 떨어질 것이라고 주장했다. 2008년부터는 성장동력이 수출과 투자에서 소비와 투자로 전환된다는 분석하에 산업구조도 3차산업의 비중이 높아지면서 철강소비량은 큰 폭으로 떨어질 것으로 전망되기 때문이다.

2007년 이후부터 철강재에 대한 시장수요도 점차 줄어들 것으로 예상되는데, 현재의 생산시설 확대가 계속될 경우 심각한 공급과잉에 빠질 수 있을 것이라는 전망이 나온다. 향후 철강수요를 감소시킬 몇 가지 요인을 제시하면, GDP, 고정자산투자 한 단위 생산에 필요한 철강소비량은 2003년을 정점으로 해마다 둔화되었고, 고정자산투자 증가율의 둔화, 경제가 발달된 동부지역의 고정자산투자, 부동산투자가 둔화되기 시작한 것, 전자제품의 수출이 지속적으로 빠른 성장세에 있지만 생산증가율은 연평균 32%에서 20% 전후로 하락할 것으로 보인다는 점, 향후 5년간 중국정부는 자원제품의 수출을 억제함에 따라 저부가가치 제품인 빌렛, 철강재에 대한 수출증가율도 하락할 것 등이다.

중국철강공업협회는 왕성한 시장수요로 인해 2006년 3분기까지 철강생산량은 3억 톤을 돌파해 전년 동기대비 18.45% 증가했다고 발표했다. 생산과 수요는 왕성하지만 여전히 과잉생산문제가 존재한다고 밝혔다. 강력한 시장수요가 철강생산량을 증대시켰고 철강업계의 과잉

생산, 에너지와 수자원의 과다소비, 노후 생산시설에 따른 환경오염 등
의 문제가 심각하다고 주장했다.

중국 철강업은 재편되고 있다. 세계적인 추세도 그렇지만 경쟁력을
갖춘 세계적 대형 철강기업이 필요하다는 중국의 내부적 판단 때문에
중국의 철강산업은 구조조정과 합종연횡을 계속하고 있다.

중국의 산업생산이 자동차와 철강분야 생산증가에 힘입어 증가한 것
으로 집계된 가운데 베이징의 건설현장에서 노동자들이 철근을 옮기고
있다. 2006년 1월 중국 4대 철강업체에 속하는 상하이바오강은 마강그
룹과 전략적 동맹을 맺었다. 두 회사는 연구개발(R&D), 기술혁신, 시장
영업, 원재료 및 에너지 구매분야에 대한 협력의정서를 교환했다.

바오강은 고급판재를 주력상품으로 중국 내 최대규모와 현대화 시설
을 자랑하고 있고, 마강은 냉열연판과 H형강 등의 독자적 제품구조를
갖고 있는 화동지역의 주요 철강기업이다. 구젠궈 마강그룹 이사장은
"마강은 또 다른 특대형 중국 철강기업과 대형 합작 프로젝트를 준비
하고 있고, 바오강도 무한강철그룹과 전략적 합작에 합의했다"고 전했
다. 이 말이 끝나기 무섭게 같은 1월 싱타이 기계압연롤러 그룹이 기업
자산을 중강그룹에 양도하는 계약을 체결하기도 했다.

2005년 7월 안산강철이 번시강철과 합병하면서 시작된 중국 철강업
의 재편은 2006년 절정기를 맞이했다고 해야 할 것이다. 2005년 국제
철강업의 거두인 인도 미탈스틸이 25억 위안을 출자, 후난 화링스틸 튜
브와이어의 지분 37%를 인수한 데 이어 쿤밍강철, 파오더우강철 인수
를 서두르고 있다. 또 세계 2위의 철강기업인 아르셀로철강도 다양한

경로를 통해 라이우강철 지분인수에 매달리고 있다.

지멘스는 인수합병(M&A)과정을 거쳐 향후 생존할 수 있는 중국 철강업체가 10개에 그칠 것으로 예측하면서 중국시장에 눈독을 들이고 있다. 최근 오스트리아 최대 철강기업인 베스트알피네(VAI)를 인수한 지멘스는 야금공정 및 제련기술을 바탕으로 업무부서를 신설, 중국시장에 본격적으로 뛰어들 채비를 하고 있다.

현재 침체기인 중국 철강업은 철광석 가격 폭등, 철강 가격 하락, 철강 과잉생산, 통폐합 정책강화 등 불투명한 환경에 직면해 있다. 특히 2004년 말 현재 중국 내 철강 생산업체는 900여 개로, 이중 연간 생산량 500만 톤 이상의 기업은 15개에 불과하고 대기업 생산량이 전체의 45%를 차지할 정도로 난립하고 있다.

그러나 중국이 철강업의 난국을 역으로 활용, 본격적인 구조재편에 들어감에 따라 재도약을 위한 기반을 마련했다는 평가가 대부분이다. 아직까지 중국 철강제품의 수출은 저부가가치에 집중돼 있고 수입은 고가제품에 집중돼 있다. 하지만 지난해 상반기 이미 중국이 철강 관련 순수출국으로 탈바꿈했다는 점에 주목할 필요가 있다.

이 같은 구조재편 노력으로 중국에는 2010년께 연생산량 3천만 톤 이상의 기업이 2개 가량 나오고 1천 톤급 이상 생산력과 국제 경쟁력을 갖춘 기업도 상당수 출현할 수 있을 것으로 전문가들은 예상한다.

중국정부는 앞서 새로운 지역엔 신규 철강생산공장 건설을 허용하지 않는 등 시장진입 문턱을 높여 과잉생산을 막고, 차량용 판재나 고부가가치 강판 등의 생산은 장려하되 건축용 철강재에 대해서는 제한을 가하는 제품 구조조정계획을 밝힌 바 있다. 특히 중국은 해외 철광석 개발업체와 합작협상을 통해 철광석 수입선 및 가격안정을 꾀하고 있다. 언론에선 중국의 일부 철강기업이 이미 해외 철광석업체와 수입관련 기본계약을 체결했다고 보도하기도 했다.

저우젠 중국야금광산기업협회 회장은 최근 한 세미나에서 "지난 2년 간 전례 없는 철광석 개발 붐이 일면서 세계 철광석 생산량이 급속히 증가했다"며 "이에 따라 올해 철광석 시장의 수급상황이 안정화돼 철광석 가격도 합리적인 수준으로 떨어질 것"이라고 예측했다.

중국 국가발전개혁위원회(NDRC)와 상무부 등 중국의 주요 7개 부처는 2006년 6월 30일에 '철강생산량 통제와 낙후한 철강사의 구조조정 강화에 관한 통지'를 발표했다. 이에 따르면 중국정부는 총 7개 항목으로 구성된 통지문에서 철강생산량의 통제와 노후생산설비의 폐쇄, 정부의 정책시행 의지와 지방정부의 참여요구, 철강기업의 인수합병과 구조조정 등에 관한 내용들로 구성되어 있다고 밝혔다.

자료에 따르면 중국의 철강산업은 외형성장에 비해 질적인 면에서는 규모에 걸맞은 모습을 보여주지 못하고 있는데 중국 철강산업의 어제 오늘의 모습은 낮은 시장집중도, 비합리적 산업배치, 저급품 위주의 생산구조, 심각한 환경오염, 낮은 에너지 효율성 등으로 요약할 수 있다.

특히 생산설비의 상당수가 25년 이상 노후화된 것이 많으며 판재류 압연라인의 50~70%가 노후설비이고 총 생산능력은 3억 톤을 넘어서지만 100톤 이상의 전로 및 전기로 능력은 6.4백만 톤에 불과하며 조강 생산능력 500만 톤 이상의 업체는 15개사에 불과하다고 전했다.

한편 전 세계 철강생산능력이 과잉구조인 현실에서 중국 철강업체들의 과도한 설비증설은 수급안정을 저해하는 최대의 위협요인으로 부각되고 있으며, 중국의 철강생산능력이 국가적 차원에서 통제되지 않는다면 세계 철강업계에는 시한폭탄 같은 존재가 될 것이다.

이번 통지에서 '07년까지 5,500만 톤 규모의 노후설비를 도태키로 함에 따라 NDRC 추정치 기준으로 과잉규모는 6,500만 톤까지 축소될 것이며 여기에 수요 증가분을 감안하면 과잉해소에는 긍정적인 영향을 줄 것으로 예상했다. 자료에서는 중국의 생산능력 축소계획은 중기적 관점에서 '수급과 철강가격의 안정화' 측면에서 긍정적으로 평가했으며 향후 중국 철강 산업은 구조조정의 과정에서 문을 닫는 철강사가 속출하는 등 상당한 진통이 예상된다.

그럼에도 중국의 '신철강산업 발전정책'이 본질적으로 자국 산업계의 경쟁력 강화를 지향하고 있다는 점을 감안하면 '제10차 5개년계획'이 성공적으로 달성된 이후에는 국내 철강업계에 한층 더 위협적인 존재로 부상할 것으로 전망되므로 국내 철강업체들은 품질 및 기술경쟁력을 유지하기 위해 고급강종 생산판매 비중확대와 신기술 개발 및 신수요의 창출에 서두를 필요가 있다고 강조했다.

이에 따라 중국의 철강산업을 리드하는 4대 철강사가 최근 들어 구조조정을 통해 각기 나름의 경쟁력을 구축하고 있다. 중국의 주요 4대 철강사로는 크게 수도강철首都鋼鐵, 상해보강上海寶鋼, 안산강철鞍山鋼鐵, 무한강철武漢鋼鐵을 들 수 있다.

이들의 생산현황을 살펴보면 2005년 기준 상해보강이 2,272만 톤으로 가장 많은 생산량을 보였으며, 나머지 무한강철, 안산강철, 수도강철은 생산량이 1,000만 톤에서 1,300만 톤 정도다. 이 생산업체들은 대부분 중국정부의 M&A 방침을 통해 대형화되었으며 그룹화로 나서고 있는 상황이다.

특히 중국 경제성장의 주역이라 할 수 있는 상해보강의 비상은 눈여겨 볼 만하다. 중국 1위 철강업체 바오샨철강은 세계 최대의 철강 생산 수입국인 중국의 철강산업을 이끌고 있는 주인공이다. 정식 명칭은 상해보산철강집단공사上海寶山鐵鋼集團公司지만 줄여서 상하이바오강上海寶鋼 혹은 바오강寶鋼으로 부른다.

3개의 용광로와 2개의 열연 및 냉연공장을 보유한 바오강은 연간 생산능력이 2000만 톤이 넘는 세계적인 철강업체다. 중국 전체 철강 생산량의 25% 이상을 점유하고 있으며 종업원 수가 1만 4000명에 달하는 세계 5위의 철강회사다.

바오강은 세계무역기구(WTO) 가입을 앞두고 중국정부가 국유기업 민영화작업을 서두르면서 지난 2000년 상하이 A증시에 입성했다. 당시 바오강은 전체 주식의 15%인 18억 7700만주(총 공모가 80억 위안)를 상장시켰다. 상장규모로는 당시까지 최대였으며 현재도 차이나모바일, 차이나텔레콤, 중국해양석유(CNOOC) 등과 함께 중국주식시장을 이끄는 핵심 블루칩으로 평가받고 있다.

바오강은 중국경제의 급속한 팽창과 함께 성장했다. 1990년대 이후 중국경제가 폭발적인 호황을 누리면서 기계, 자동차, 가전, 조선 등 전 산업분야에서 철강수요가 늘어난 것이다. 중국은 이미 세계 최대의 가전생산국이며 경제성장에 따라 건설 수요와 자동차 판매도 급증하고 있다. 이는 철강수요 증가와 직결됐고, 서부대개발 등 중국정부의 사회간접자본 투자정책이 더해지면서 바오강의 눈부신 성장을 뒷받침했다.

지금이 세계시장에서 가장 주목받고 있는
'친디아'와 '아시아 소비자 관련주'에 투자할 적기입니다!

대서양의 시대가 끝나고 태평양의 시대가 오고 있다 – 월스트리트저널 –

2039년, 중국이 미국을 제치고 인도가 일본을 능가할 것이다 – 골드만삭스 –

보험으로도 보장가치와 투자수익을 동시에 키울 수 있는 시대.
미래에셋의 투자전문가들이 무한한 가능성의 투자시장에서 빛나는 수익을 드립니다.

(무)미래에셋 친디아 변액유니버셜보험 I
(무)미래에셋 아시아퍼시픽 컨슈머변액유니버셜보험

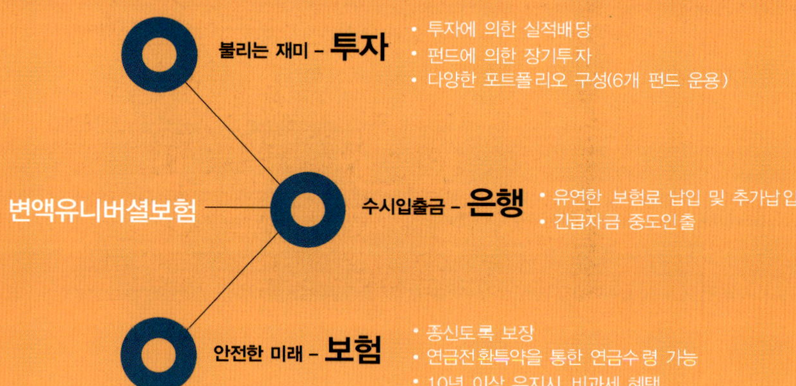

MIRAE ASSET
미래에셋생명

신규가입 고객에게 미래에셋 투자교육총서(총5권)를 드립니다.

• 펀드 투자로 행복한 미래를 | 강창희
• 현명한 부모는 돈보다 지혜를 상속한다 | 이상건
• 한국증시, 장기투자 가능한가? | 이원재 · 최흡 · 서래호
• 우리 아이를 위한 용돈의 경제학 | 김지룡
• 개인투자자가 꼭 알아야 할 재무설계법칙 | 김재영

바오강은 현재 1,000만 톤의 연간생산규모를 2006년과 2009년 각각 2,000만 톤과 3,000만 톤으로 늘릴 것이라고 밝혔다. 동사는 2009년 중국내 철강 판재시장의 점유율을 30% 이상으로 끌어올리는 목표를 잡고 있다. '철의 여인'이라 불리는 바오강그룹의 회장 셰치화는 바오강을 세계 1등 브랜드로 키워 2010년에는 세계 철강 3사에 진입시키겠다고 주장하기도 했다. 바오강은 중국 내 최고의 현대화된 공장시설, 가장 선진적인 제조기술, 최대 생산규모, 최신 생산제품을 생산하는 대형 철강그룹을 지향하고 있다. 2005년 미국 〈포춘〉지가 선정한 2004년 세계 500대 기업 가운데 309등이 바오강이었다.

중앙정부는 은행대출제한 등을 통하여 알루미늄, 시멘트 업종을 포함하여 과열산업에 대한 조정정책을 실시하고 있다. 중국철강협회 고위관계자에 따르면 2007년 중국의 철강산업은 과열상태이며 이에 대한 주의가 필요하다고 밝히고 있다. 그러나 이러한 철강산업에 대한 투자통제는 전면적인 통제가 아니라 난립하고 있는 공해유발 소형투자에 대해 통제하여야 한다고 언급하고 있다. 즉, 비효율적인 투자는 억제하되 중대형 기업에 의한 고부가가치 분야에 대한 투자는 장려해야 한다는 것이다.

황금알을 낳는 중국주식에 도전하라

주식가치를 증폭시키는 중국의 경제성장(주식산업 현황)

조지 소로스와 함께 퀀텀펀드를 설립한 짐 로저스는 '19세기가 영국, 20세기가 미국이라면 21세기는 중국의 시대'라며 향후 10년 동안 위안화 강세를 예견했다. 그는 중국의 성장 가능성이 워낙 크기 때문에 한국 주식을 팔았다는 아쉬운 소리를 하기도 했다. 그의 말처럼 중국경제는 급격히 부상하고 있으며, 세계의 눈이 주목하고 있다.

중국 인민일보는 중국주식시장이 2007년부터 '황금의 10년'을 시작할 것이라고 보도했다. 인민일보는 특집기사를 통해 2006년 증시가 두 배 가량 급등했지만, 여전히 저평가된 상황이라며 추가 랠리에는 이상이 없다고 분석했다.

중국증시를 장밋빛으로 전망하는 이유에 대해서는 중국 내 많은 전문가들이 입을 모았다. 중국증시의 성장배경에는 중국정부의 시장 개혁의지와 중국경제의 펀더멘털 강화라는 밑받침에 성공적인 주식제도 개혁, 경제체질 개선, 경영투명성 제고, 감독기관 정비, 대형 블루칩 지속상장, 국유기업 상장(IPO), 기업실적 개선, 간접투자 확대, 내수확대, 견조한 수출 증가세 등을 꼽았다.

이와 관련해서 둥팡東方증권 전략전문가 우강吳剛은 '8000억 달러 정도인 중국주식시장 시가총액이 10년 내 4~5조 달러에 달할 것으로 예상되는 등 중국증시는 이제 막 황금의 10년 출발선에 섰다'고 주장했다. 그리고 2007년 A증시(내국인 대상 증시)의 평균 투자수익률은 40~50%에 달할 것으로 전망했다.

자오상招商증권 연구개발센터 왕하이난 이사는 "인도, 러시아, 브라질 등 다른 브릭스국이 2003년 이후 모두 3~4배 오른 점을 고려해보면 상하이 종합주가지수는 이제 절반 정도 오른 셈"이라고 말했다. 그는 "상하이 · 선전300지수의 2007년 추정이익 기준 PER(주가수익비율)는 16배로 아직 '버블' 수준에 도달하지 않았다"고 진단했다.

진셔성 중국 신은만국증권 연구소장은 '한중 리서치 포럼'에서 "일부 고평가 논란이 있지만 2007년에도 중국 증시는 호조세가 예상된다"며 "상하이 · 선전300 종합지수(상하이 선전 증시의 A주 중 우량한 300종을 선정해 산출한 지수) 기준으로 35% 성장이 가능할 것"이라고 내다봤다.

앞서도 말했지만 '상품투자의 고수'로 유명한 월가의 투자가 짐 로저스도 중국증시가 앞으로 몇 년간 세계에서 가장 유망한 시장이라고 전망했다. 또 상품주 강세는 아직 끝나지 않았다며 농산물에 주로 투자할 것을 권했다. 그는 지난 2005년 말부터 중국증시에 투자하기 시작했으며 앞으로 매수를 더욱 늘릴 계획이라고 말하기도 했다. 특히 여행, 농업, 에너지, 항공 분야가 크게 성장할 것으로 내다봤다.

벤 버냉키 미 연방준비제도이사회(FRB) 의장도 미 상원 금융위원회에서 중국에서 경제 위기가 발생할 가능성이 현재로선 상당히 낮다고 밝히며, 금융권의 부실채권이 늘어 부담이 되고 있지만 중국정부가 막대한 외화를 보유하고 있어 금융시스템이 붕괴되지는 않을 것이라고 했다. 또한 일부 업종의 설비과잉 등이 문제되고 있지만 전반적으로 볼 때 중국경기는 과열된 상태가 아니며 인플레이션 우려도 낮다고 덧붙였다. 하지만 중국정부가 투자와 성장을 억제하고 있기 때문에 경기둔화에 따른 경착륙 가능성을 완전히 배제할 수는 없다는 단서를 달았다.

골드만삭스는 중국주식시장을 낙관하는 6가지 모멘텀으로 낙관적인 거시경제, 기업의 순익증가율 뚜렷, 중국주식시장의 투자매력, 중국시장의 매력적인 PER, 수급안정, 위안화 평가절상 기대를 꼽았다.

국내의 전문가들도 증시투자의 애로점으로 들 수 있는 높은 변동성도 점차 완화될 것으로 전망했다. 2006년 중국은행, 공상은행 상장에 이어 2007년에는 중국석유, 핑안보험 등 12~18조원(공모가 기준)에 달하는 10개 블루칩이 상장될 예정이어서 변동성이 크게 줄어들 것이라고 관측했다. 뿐만 아니라 위안화가 평가절상되고 있는 점도 환차익을 겨냥한 외국인 투자자들을 불러 모아 증시의 안정성을 높여줄 것이라 전망했다.

중국경제는 지난 10여 년간 두 배 이상으로 급성장했다. 그 결과 지난 2005년에는 영국과 프랑스를 꺾고 세계 4위 경제대국으로 급부상하기도 했다. 증시는 2005년 말까지 약세였으나 2006년 반등했다.

그렇다면 중국주식산업의 현황을 살펴보자.

| 중국 내 총 상장기업 1,377 개
| 시가총액 3조 7,056억 위안 (2004년 국가 GDP의 27.14%)
| 총 주식수(Volume) 7,120억 주 / 유통주 2,577억 주, 총 주식자본
  의 36.2%

● **B주** 중국의 상해 및 심천거래소의 외국인 전용 투자시장에서만 거래되는 주식으로 과거 외국인만 거래할 수 있었으나, 2001년부터 중국인도 투자할 수 있다. 액면가는 인민폐로 표시되나, 상해거래소는 U$로, 심천거래소는 홍콩달러(HKD)로 거래한다. A주 시장과의 통합 가능성이 높고 통합시 매우 유리할 것으로 전망된다. A주에 비해 약 40% 평가절하되어 있는데, 약 20~30개 종목이 투자가치가 높다.

● **H주** 본사가 중국 내에 있으며, 홍콩거래소에 상장되어 있는 중국 내 기업의 주식을 말한다. 액면가는 인민폐로 표시되나, 거래는 홍콩달러(HKD)로 한다. 중국 증권감독관리위원회와 홍콩 감독기관이 함께 감독하므로, 본토 주식보다 일반적으로 투명성이 높다. 일반적으로 본토 A주보다 낮게 거래되고, 중국 본토의 기간산업 등 초우량 블루칩이 대거 상장되어 있다. 약 30개 종목이 투자가치가 높은 편이다.

QDII, QFII, CEPA란 무엇인가

중국당국이 1조 달러에 달하는 외환보유액을 줄이고, 위안화의 급속한 절상을 막기 위해 사용하는 정책으로, 유동성을 줄이기 위한 금리와 지급준비율 인상, 달러-위안 일일 환율변동폭 제한 등 여러 가지 정책을 단행하고 있는데 그중 하나가 '해외투자적격기관Qualified Domestic Institutional Investors' 프로그램이다. 중국정부가 그동안 금지했던 내국인의 홍콩 주식투자 금지를 해제하고, 중국 내 투자자들로 하여금 홍콩시장에 투자할 수 있도록 한 정책을 말한다.

중국 인민은행과 외환관리국은 "중국의 자본시장으로 끌어들일 수 있는 문호를 개방하고, 더 많은 중국 내 기구가 국제 금융시장 투자에 참여할 수 있도록 격려할 것"이라는 취지 하에, 펀드매니지먼트사와 증권사가 기관이나 개인들의 외환으로 펀드를 조성해 주식을 포함한 해외 자본시장에 투자하는 것을 허용할 방침이라고 밝혔다. 이는 QDII 프로그램의 시작을 알리는 것으로 중국당국으로부터 승인을 받은 중국 내 기관의 해외투자가 가능하게 됐다.

이에 따라 2006년 9월 초 상하이 소재의 후아안 펀드매니지먼트가 처음으로 중국당국으로부터 QDII 프로그램 하에서 5억 달러 투자한도Quota의 대외투자를 허용받았다. 중국당국은 이어 10월 시티그룹 중국 지점에 5억 달러의 QDII 쿼터, 항셍은행에 3억 달러 QDII 쿼터를 승인하는 등 여러 기관에 QDII를 허용했다.

현재 중국의 은행들과 펀드매니저들이 QDII 프로그램 하에서 허용받은 총 쿼터는 126억 달러에 달하는 것으로 집계됐다. 그러나 QDII

프로그램은 기대보다 활성화되지 않고 있는 것으로 평가된다. 위안화가 절상될 것이라는 기대와 중국증시 호조로 투자자들이 QDII 펀드에 투자하는 것을 꺼리고 있기 때문이다. 중국은행감독위원회(CBRC)가 현재까지 17개 은행에 QDII를 허용했으나 9개의 상품만이 출시됐다.

한편 2006년 시행하기 시작한 QDII 프로그램은 지난 2003년 시작된 '적격외국기관투자자 인가제도Qualified Foreign Institutional Investors' 프로그램을 보완하는 것이다. 이 프로그램은 중국정부가 그동안 금지했던 외국인의 중국 A주식 투자금지를 해제하고, 해외투자자들로 하여금 중국 A주 시장에 투자할 수 있게 하는 정책을 말한다. 즉 해외투자자들에게 중국 내 주식시장에서 위안화 표시증권 투자를 허용하는 것이다.

중국은 국내 A주 시장에 참가할 수 있는 적격외국기관투자자(QFII) 자격요건을 대폭 완화했다. 이 규정은 현재 펀드, 보험, 증권사, 은행 등으로 구분된 QFII 신청가능 금융기관 유형에 '기타 기관투자자'를 신설해 양로기금, 자선기금, 신탁회사, 정부투자관리공사 등을 '기타 기관투자자'에 포함시키는 것을 골자로 한다.

또 금융기관 유형별로 신청요건을 완화, 펀드의 경우 종전에는 운용자산규모가 100억 달러 이상이었으나 50억 달러 이상으로 완화하고 보험사는 경력이 30년 이상에서 5년 이상으로 완화된다.

증권사와 은행에는 종전 규정이 그대로 적용된다. 증권사의 경우 30년 이상 경력에 운용자산규모 100억 달러 이상, 은행은 자산규모 기준 세계 100대 은행에 들어야 하며 운용자산규모가 100억 달러 이상이어야 한다. 새로 신설된 '기타 기관투자자'는 경력 5년 이상에 자산운용규모 50억 달러 이상이다.

중국정부의 QFII 자격요건 완화는 증시 움직임을 반영, 외국의 자산을 국내에 끌어들임으로써 현재 조정받는 주가부양을 위한 포석으로 볼 수 있다. 중국정부는 외국의 45개 금융기관에 대해 QFII 자격을 승인했으며 투자승인 규모는 75억 달러다.

중국 국가부주석 증경홍曾慶紅의 홍콩 방문 이후 중국-홍콩 간 경제교류 촉진정책이 지속적으로 논의되었다. 이중 가장 핵심이 중국-홍콩 간 경제긴밀협약인 CEPA의 제 3단계 협상내용이다. CEPA 3단계에서는 화물부문뿐 아니라 홍콩 서비스업, 운수업, 건축, 여행업 등 서비스 시장에 대한 중국개방을 한 단계 업그레이드할 것으로 기대된다.

주요내용은 홍콩산 제품 379종 제품의 무관세 실시 및 8개 서비스 부문의 개방이었다. 제 2차 CEPA 협의는 2004년 8월 27일 협약을 체결하였으며, 2005년 1월 1일부터 발효되었다. 주요내용으로는 540종 제품의 추가 무관세 실시 및 금융, 통신서비스 무역부문의 개방을 허용하였다.

QDII와 CEPA의 영향으로 홍콩 H주 폭등

QDII와 CEPA의 영향으로 홍콩 H주가 폭등할 전망이다. CEPA를 통해 금융에 대한 개방을 허용했고, QDII로 중국의 연금펀드와 보험회사 등 중국 내의 기관투자자들에 대해 홍콩을 비롯한 해외시장에 투자하는 것을 허용했다. 이러한 조치는 중국 내 개인의 외화예금을 기관투자자 등을 통해 홍콩시장에 투자할 수 있도록 하는 데 그 목적이 있다. QDII

는 2001년 홍콩 지방정부가 중국 중앙정부에 홍콩증시로 자금을 유입시키기 위해 제안한 이후, 중국 중앙정부가 구체적으로 연구하여 실현한 정책이다.

중국정부의 이러한 조치에 대해 해외 기관투자자들은 상당히 기대를 가지고 관망하고 있었다. QDII는 위안화를 통상목적에 한해 자유롭게 다른 화폐로 교환하는 것을 허용하는 통화제도의 변화가 따르기 때문이다. 그것은 QDII 제도를 통해 중국본토 자금이 해외시장으로 유입되는 통로가 마련되는 것이기도 하다.

따라서 이 제도가 도입된다는 것은 중국 금융기관과 개인투자자들이 펀드를 통해 해외 직접투자가 가능해져 중국인들의 홍콩증시 투자가 본격화될 것을 예고한다. 2004년 홍콩 반환 7주기를 맞아 불거진 홍콩인들의 개혁요구를 중앙정부에서 무마하기 위한 교묘한 조치라는 분석도 나오고 있다. 대륙인들의 자금이 홍콩으로 대거 유입되면 홍콩경제에는 강력한 청신호가 켜질 것이므로 경제호황은 정치적 요구를 잠재울 수 있는 효과를 발휘할 수 있기 때문이다.

QDII 조치가 시행되면 80억 달러에 달하는 중국 내 기관투자자를 필두로 홍콩증시에 상장된 H주식 중 우량기업들이 첫 번째 목표가 될 것이다. 그러면 수십 억 달러라는 엄청난 유동성에 기반을 두어 홍콩증시에 상장된 중국본토 기업인 H주는 엄청난 수혜를 받게 된다.

중국은 2001년에도 국내 투자자들에게 합법적으로 외국인 거래 주식인 B주 시장에 참여하도록 개방해서 B주 시장은 1년여 만에 최고 3000% 이상 폭등하여 황금알을 낳게 한 전적이 있다.

QDII와 QFII의 발전전망은 매우 밝다. QFII 실시 후 3년 동안 외국인 주식투자 한도는 75억 달러로 증가했다. 모건체이스는 2006년 말까지 외국인 투자 한도가 100억 달러로 늘어날 것을 전망했다. QDII는 불과 몇 달 전에 시행되었지만 2006년 8월 기준 비준받은 투자금액은 88억 달러로 QFII를 상회했다. 향후 3~5년간 QDII의 투자금액은 빠르게 성장할 것으로 예측된다.

한편 홍콩은 중국과의 CEPA 협정으로 2005년 38HK$를 벌어들였다. 2004년보다는 140% 증가한 경제적 이익을 누렸다고 홍콩 문회보는 보도했다. 중국시장은 홍콩에 대해서만은 개방폭과 시기를 앞당긴 CEPA 협정을 통해 홍콩기업들은 중국에 무관세로 수출할 수 있었고, 전문 서비스산업도 대중국 진출이 활발해졌다.

CEPA 체결 이전 홍콩경제는 1998년의 외환위기, 사스 등으로 마이너스 경제성장률을 기록하기도 하였다. 그러나 CEPA 협정으로 중국의 우호적인 경제정책이 현실화됨으로써 홍콩경제는 활력을 되찾았다. 2003년 3.2%에 불과하던 홍콩의 GDP 성장률이 2006년 1/4분기 8.2%로 증가하였고 실업률도 2003년 8.6%에서 2006년 1/4분기에는 5%로 감소하였다.

특히 금융부문에서 괄목할 만한 성과를 내고 있다. 2004년 1월부터 홍콩은행의 위안화 취급이 허용되면서 2006년 6월에 위안화 수신고가 228억에 달하는 등 호황을 맞고 있다. 특히 2007월 1월부터 홍콩에서 위안화 채권발급이 부분적으로 허용되고, 중국의 증권 및 선물회사의 홍콩지사 설립이 가능해지면 국제금융 중심지로서 홍콩의 위상이 더욱 강화될 것이다.

초보 투자자는 홍콩 H주부터 시작하라

2005년만 해도 고공행진을 하던 국내 주식형 펀드가 2006년 들어 약세를 보이자 투자자들의 관심이 해외펀드로 이동하기 시작했다. 그 관심의 중심에는 바로 중국펀드가 있다. 이른바 친디아펀드는 중국정부의 경기 진정정책과 위안화 절상 우려, 비유통주 문제, 중국 4대 은행의 막대한 부실자산 및 상장지연 등의 4가지 악재가 해소되는 바람에 강한 상승세를 타기 시작했다. 물가가 안정되고 9% 이상의 성장세를 유지한 것이다. 중국의 경제성장에 장애가 되지 않는 수준에서 위안화 절상은 해마다 점진적으로 진행될 것으로 예측되고 있다. 또 중국건설은행이 2005년 10월 말, 중국은행은 2006년 5월 말 홍콩 주식시장에 성공적으로 상장하면서 국가신용등급도 상승하고 있다.

게다가 2008년 올림픽, 2010년 세계박람회 개최를 앞두고 있어 꾸준한 경제성장이 가능하다는 분석이다. 따라서 특별한 변수가 없는 한 친디아펀드는 지속적인 상승세를 유지할 것이다. 그렇기 때문에 국내 부동자금들은 중국을 비롯한 아시아 개도국, 동유럽시장 등을 겨냥한 해외펀드들에 대해 관심이 집중되고 있는 것이다.

중국주식의 종류를 알아보자. 중국의 주식은 A주식, B주식, H주식으로 나눌 수 있는데, A주식은 중국 내국인을 대상으로 중국주식시장에서 위안화로 거래되는 주식이다. 최근에는 외국인 투자자에게도 일부 개방됐다. B주식은 외국인이 외화로 투자할 수 있는 주식이다. 상해에서는 미국달러화, 선전에서는 홍콩달러화로 투자한다. H주식은 홍콩거래소에서 거래되는 중국기업주식을 일컫는다.

초보투자자라면 중국주식에 투자하기 전에 알아두어야 할 것이 있다. 중국펀드도 엄연히 변동성 높은 주식에 투자하는 것이므로 몇 가지 유의할 점이 있다는 사실이다. 중국펀드의 경우 글로벌 증시 조정 시 이머징 마켓 가운데서도 상대적으로 적은 조정을 받은 시장이며 성장성도 양호하지만 분산투자 차원에서 접근하는 것이 좋다. 투자대상 금액에서 가급적 20%를 넘지 않는 것이 좋겠다.

해외펀드 투자경험이 있다면 목돈을 굴리기 위해 해외뮤추얼펀드가 좋겠지만, 해외투자펀드에 처음 투자하는 경우라면 적립식으로 시작하여 보다 위험성이 적은 국내 투신사의 해외재간접형을 선택하는 것이 좋다.

또한 단일시장에 투자하는 것이 몇몇 시장에 분산투자하는 것보다 기대수익이 높을 수 있지만 손실폭도 더 크다는 점을 염두에 두어야 한다. 적립식으로 투자하더라도 중국형과 지역형(중국 외에 인도나 동남아시아에도 배분운용되는 아시아형 등) 또는 글로벌 시장형에도 일부 분산투자하는 것이 안정적일 수 있다.

여기서 중요한 것은 초보 투자자가 중국현지에 계좌를 트고 직접 매입하는 것은 효율성이 떨어질 수 있다는 점이다. 중국 본토시장인 B주에 상장된 주식보다는 시장의 투명성이나 상장기업의 질적 측면에서 홍콩 H주 시장이 적합하다. 중국 본토 기관투자자들의 해외 주식투자가 허용되면서 홍콩 H주 시장의 잠재가능성이 높아진 반면 B주 시장은 갈 길이 멀기 때문이다.

홍콩은 중국기업이 선호하는 지역이다. 홍콩거래소 통계에 따르면 2005년 말까지 홍콩거래소에 직간접적으로 상장된 중국기업은 335개사, 시가총액의 39%, 그중 직접 상장된 기업은 122개사라고 한다. 홍콩증시의 거래총액의 46%, 상위 10대 거래량 기업 가운데 중국회사는 6개사, H주의 거래금액은 9533억 위안(144조 원)으로 사상 최고치를 경신했다.

홍콩 주식시장의 시가총액은 10.81조HK$로 세계 8위이다. 중국기업의 홍콩증시 상장으로 홍콩 주식시장은 2006년 1년간 전세계에서 가장 빠른 성장세를 기록했다.

위안화 평가절상을 노려라

최근 중국정부가 발표한 달러 대비 위안화 2.1% 평가절상은 아시아 지역 내 장기적인 경제 성장과 전세계 성장에 긍정적인 영향을 미칠 전망이다. 절상규모가 작긴 하지만, 조만간 추가절상은 없을 것으로 예상된다. 위안화의 달러페그제 폐지는 그동안 달러 변동에 밀접한 영향을 받았던 아시아 지역에 새로운 시대를 열게 할 것이다.

많은 경제학자들은 이러한 시나리오를 바탕으로, 아시아 통화의 달러대비 평가절상, 아시아 국가간의 무역규모 증가, 저이자율과 내수증가로 아시아 지역경제 성장을 전망했다. 미국과 유럽 내 노령화와 이자율 상승 등 경제성장에 부정적 요인들이 늘어나면서, 위안화의 달러페그제 폐지는 전세계 시장에 긍정적인 영향을 미치고 있다. 아시아 경제성장은 전세계 시장 성장에 긍정적인 영향을 미치고 있으며, 빈곤층 구제뿐 아니라 아시아 이외 지역에 일자리, 자본, 제품공급을 늘릴 것이다.

장기적인 면에서, 아시아 통화 평가절상은 전세계 시장에서 아시아의 위상을 변화시키고 있다. 평가절상은 아시아 지역 내 투자대상과 방법에 변화를 불러일으킬 것이다. 지난 수십 년간, 아시아 경제성장은 선진국에 저가제품 수출을 기반으로 한 것이었으며, 아시아국가들은 자국통화를 공식 혹은 비공식적으로 달러화에 연동시켜 왔다. 1997~1998년 금융위기는 고정환율제의 위험성을 드러냈으나, 통화에 대한 근본적인 접근법의 변화를 이끌어내지는 못했다.

중국과 홍콩은 고정환율제를 그대로 유지했고 말레이시아는 새로운 고정환율제를 채택했다. 지난 2년간 대만, 한국 등 아시아국가들은 자국통화의 달러대비 가격의 일정수준 유지를 위해 노력했다. 아시아 수출업체들 사이에서 비용절감 경쟁이 극심했으며 환율이 이 문제의 핵심과제였다. 아시아 최저 생산비용을 자랑하는 중국에게도 고정환율제 유지는 시간과 비용에서 소모적인 일이었다. 중국인민은행은 달러대비 환율 안정유지를 위해 국내에 유입되는 달러를 대규모로 구입해야 했으며, 그 결과 1,900억 달러의 미 정부국채를 포함한 대규모 외화를 보유하게 되었다. 중국은 수입대비 수출규모가 더욱 컸으며, 수출흑자는 더욱 늘어났다.

위안화 절상은 최근 인기몰이를 하고 있는 중국펀드에 호재가 될 전망이다. 내수주 성장에 따른 중국증시 상승이 예상되는 데다 환차익도 기대되기 때문이다. 실제로 아시아 신흥국 증시에 찬물을 끼얹은 위안화 절상 소식이 정작 중국본토의 상하이와 선전증시에는 날개를 달아줬다.

상하이 A지수와 선전 A지수는 2006년 5월 급등하며 2년 만에 최고치를 경신했고, 15% 이상 상승했다. 위안화 가치 상승으로 중국 내 자산가치와 구매력이 증가할 것으로 전망되면서 부동산 및 금융 관련주가 급등했다는 것, 중국수출이 견조한 상태여서 큰 충격은 없을 것이고, 환율조정이 내수와 수출 간의 균형성장을 이루는 계기가 될 것이라고 전문가들은 설명했다.

환율변동에 따른 차익도 기대된다. 위안화가 절상되면 당연히 위안화로 표시된 주식가치가 높아지기 때문이다. 중국에서 위안화로 거래되는 증시는 상하이와 선전의 A시장으로 피델리티 등 외국 자산운용사들이 적격 외국인 기관투자가(QFII) 자격으로 이곳에서 투자하고 있다. 외국 뮤추얼펀드는 위안화 강세가 수익률에 도움이 되지만 궁극적으로는 원화대비 위안화 환율을 고려해야 한다는 지적도 나오고 있다.

2008년 베이징올림픽을 노려라

한국경제는 88올림픽을 전후해 소비붐이 일어나기 시작했다. 청소년들이 소비주력 계층으로 떠오른 것도 이때부터였다. 중국 역시 2008년 올림픽을 맞이하여 소비시장이 폭발적으로 늘고 있다. 월별 소비재 판매액은 1999년 1월 바닥을 찍은 뒤 지금껏 전년 동월보다 12~15% 이상 상승세를 구가하고 있다. '한 자녀 정책'의 결과 발언권이 세진 청소년층은 이미 소비 의사결정의 주체로 떠올랐다. 소비재 판매는 2007년에도 고성장에 따른 소득증가와 도시화 진전이란 촉매를 통해 더욱 늘어날 것이다. 중국정부는 2006년부터 5년 동안 4,500만 명의 도시이주를 계획하고 있다.

최근 뚜렷해진 주식, 부동산 등 자산시장의 호황은 부富의 효과를 통해 2007년 소비확대에 기여할 것이다. 2008년 베이징에서 열리는 올림픽은 중국 경제주체들의 낙관적 분위기에 기름을 붓고 있다.

올림픽은 스포츠 이벤트이면서도 개최국에게 막대한 경제적 기회를 제공한다. 베이징올림픽은 2008년에 열리지만, 2007년엔 막바지 건설 및 시험운영 단계에 본격적으로 들어가면서 중국 거시경제에 적잖은 영향을 미칠 것이다. 역대 올림픽의 공통된 경험에 비춰볼 때 올림픽 개최가 촉발하는 경기부양효과는 개최 2, 3년 전에 최고조에 달한다.

경기시설 및 인프라에 대한 투자는 해당분야에 대한 생산을 유발시키고 이어 기타 분야로 파급돼 고용창출과 소득증가에 기여한다. 특히 건축, 부동산, 교통, 서비스 산업 등이 수혜업종으로 부상하곤 했다. 국가이미지 개선 및 브랜드가치 제고 등 무형적인 간접효과도 무시할 수 없다.

'새로운 베이징, 새로운 올림픽新北京, 新奧運'이라는 캐치프레이즈를 내건 중국은 2007년 말까지 올림픽 관련시설 및 환경개선을 위해 약 300억 달러를 쏟아 붓는다. 베이징 시내엔 신축호텔 110개를 포함해 모든 공사 및 건설공정이 2007년 말 완공을 목표로 박차를 가하고 있어 2007년 건설경기는 최고조에 이를 것이다. 이는 고스란히 소득증가, 이어 내수시장 활성화로 이어질 수 있다.

한국에서 88올림픽 전후로 내구재 소비가 크게 늘어난 것과 같이 대도시 경제수준이 당시 한국과 유사한 중국에서도 2007년 소비심리가 크게 고조될 가능성이 높다. 중국정부의 소비확대 정책까지 가세하면 유례없는 '소비 호황'이 시작될 수 있다. 특히 '디지털 올림픽數字奧運' 이라는 슬로건에서 알 수 있듯이 디지털 제품의 인기를 예고하고 있다. 고용창출 효과도 예상할 수 있지만 대도시 실업이 워낙 심각해 그 효과를 체감하긴 어려울 것이다.

그러나 기회가 있으면 리스크도 커지는 법이므로 올림픽 관련 개발투자가 고조되면서 중복, 맹목적 투자가능성도 높아지고 있다. 올림픽이 끝난 뒤 경기급랭의 가능성도 있어 합리적인 투자자원 배분이 절실하다. 소비경기가 과열되는 가운데 유가 등이 상승하면 물가상승 압력이 나타날 수 있다. 또 특정지역에 대한 대규모 투자는 임금상승, 부동산 가격상승 등을 초래할 수 있다. 중앙정부가 금리인상 등 긴축기조를 더욱 강화할 가능성도 배제하기 어려운 상황이다.

글로벌 로컬기업들은 저마다 올림픽 특수를 겨냥하고 있다. 중국시장은 내년부터 글로벌기업들의 마케팅 전쟁터가 될 것이다.

자산시장의 발달과 활황으로 2007년은 장롱 속의 예금이 다양한 투자상품을 찾아 걸어 나올 가능성이 유례없이 높아졌다. 가장 쉽게 접하는 재테크 수단은 주식으로, 기업실적 호전과 올림픽 등 호재를 맞이한 주식시장은 2007년에도 호황을 이어갈 것이란 전망이 대세다. 중국인들은 이제 '저축이냐, 창업이냐'라는 이분법적인 사고에서 벗어나 주식, 채권 등 다양한 투자분야로 눈을 돌리기 시작했다.

중국의 정책방향을 노려라

2006년은 중국공산당이 내건 국정목표 '조화로운 사회건설'이 경제분야에서 '구조개선'으로 본격화한 첫 해였다. '11차 5개년 규획'이란 가이드라인에 맞춰 빈부격차, 지역간 격차해소를 위한 삼농三農정책, 최저임금의 인상 등 재분배 정책노선이 강화됐고 성장동력을 소비에서 찾기 위한 다양한 투자억제, 소비환경 개선책이 시동을 걸었다.

그럼에도 불구하고 상반기 경제는 고정자산투자가 크게 늘어나 '11·5 규획'의 취지를 무색하게 했다. 이에 따라 중앙정부의 부동산시장 안정책 등 긴축노선이 분명해졌고, 그 과정에서 지방정부를 순치시키려는 '정치적' 해법이 외신의 관심을 끌기도 했다.

3분기에 효과가 나타난 긴축정책은 4분기에 더욱 두드러져 2006년 성장률은 10% 초반을 기록했다. 소비자물가 상승률도 2% 미만을 기록하고, 전력수급 등 산업간 병목현상도 크게 개선됐다. 거대 국유은행의 상장이 마무리되면서 부실채권 논란도 수그러지는 등 거시경제 각 부문의 불균형에 따른 리스크는 전년보다 줄어들었다.

그러나 투자와 소비 간 불균형, 지역간 격차 등의 구조개선의 목표는 아직도 요원하다. 2010년을 시한으로 정한 대외부문의 불균형도 해소될 기미가 보이지 않는다. 1년 반에 걸친 점진적 위안화 절상이 수출부문에 큰 충격을 주지 않은 것으로 나타난 만큼 2007년엔 절상세가 더욱 빨라질 것이란 전망이 설득력을 얻고 있다.

2007년 중국의 주요 경제정책을 살펴보자.

대내 여건

● 거시경제 조정정책의 지속 추진으로 정책 연속성이 유지되며 투
자위주 성장에서 소비위주 성장으로의 전환이 모색될 것이다 강
도 높은 긴축정책(금리인상, 부동산투기 억제, 은행대출 축소 등)효과로
2003년 이후 보여 왔던 4년 연속 25% 이상의 높은 고정자산투자
증가율이 '07년 20% 초반, '08년 10%대로 낮아져 경기과열이 해
소될 것이다. 의료, 교육, 부동산 등 3대 부문에 대한 지속적 가격
개혁 조치로 과도한 저축률이 감소하고 구매력이 확대될 것이
다.(위 3대 부문은 지나친 고비용구조로 인해 여타 부문에 대한 소비의욕을
위축시켰고 '저소비-고저축'이라는 중국경제의 구조적 문제점을 유발한 요
인으로 지목돼 왔음.). 그밖에 국가균형발전전략(중서부지역 투자 확대,
제3차 산업 및 하이테크 육성) 추진으로 지역 및 업종별 성장구조가 개
선될 전망이다.

대외 여건

● 세계 및 미국 경제성장률 둔화에 따른 주기성 조정국면 진입으로
중국에 복합적 영향이 예상된다. 세계경제 성장률은 '05년 3.5%,
'06년(f) 3.9%, '07년(f) 3.3%로 하락, 동기 미국은 3.2%, 3.3%,
2.4%의 성장이 예상된다(대미의존도가 높은 중국은 상당한 타격을 받을
수 있음). 보호무역주의 확산에 따른 '反 Made in China' 정서가 상존
하고〔2006년 1~3분기 세계 23개국이 총 70건의 대중국 반덤핑,
반보조금, 세이프가드 조치 발동(사상 최대 수치)〕 국제유가와 중요
원자재 가격은 각국의 산업 및 에너지 구조조정 추진에 따른 수요

둔화 및 생산량 증가로 하향 안정세를 보일 것이다. 대외여건 변화는 중국에게 부정적인 동시에 긍정적 효과를 모두 줄 전망이다.

성장, 물가, 통화 전망

● 2007년에는 4년 연속 10%대 성장기가 종료되면서 잠재성장률 수준인 9.5%의 성장이 전망된다. 내수소비가 완만한 증가세를 보이는 가운데 고정자산투자 및 수출증가율 감소분이 국내총생산(GDP) 약 1% 포인트 하락효과를 보일 것이다.

● 곡물가격 안정세, 국제유가 및 수입 원자재 가격 하락세 전망으로 물가상승률은 2% 범위 내에서 유지될 전망이다.

● 2006년 말 또는 2007년 추가 금리인상이 예상돼 통화 과잉유동성이 안정세에 진입할 것이다.

● 2007년 외환보유고는 2006년 증가 예상치(281억 달러)의 약 70% 수준인 200억 달러 가량이 증가해 1조 3000억 달러로 전망된다.

교역 및 외자유치 전망

● '07년 교역액 전망치는 2조 달러, 증가율은 '06년(24.5% P)의 약 절반수준인 13%선이 전망('07년 전망 : 수출 US$ 1조 600억(10.4%), 수입 US$ 9400억(16.0%))된다.

| 무역수지 흑자 감소 1500억 달러('06년)⇒1,200억 달러('07년)

| 교역증가율 둔화 요인 위안화 평가절상 추세에 따른 수출감소 효과, 중국정부의 국제수지균형 노력에 따른 수출증가율 감소, 세계경제 성장세 둔화에 따른 대외수요 약세, WTO 가입 초기의 수

출입 급증시기 경과.

- 외국인 직접투자는 '06년 1~10월 3만 3068건(△6.32%; 승인기준), 485억 7600달러(0.34% 증가; 실행기준), '06년 예상은 600억 달러(△0.5%)로 2년 연속 감소가 예상된다. 가공무역정책 변화, 수출 증치세 환급률 인하 등 하반기 정책조치가 외자유치에 다소 부정적인 영향을 미칠 것이다.

- 2007년에는 4대 부정적 요인과 3대 긍정적 요인 혼재, 큰 폭의 등락 없이 2006년 수준인 600억 달러(0.0%)를 유지할 것으로 전망된다.

  | 4대 부정적 요인 위안화 평가절상에 따른 수출형 외국인투자 위축, M&A 및 부동산 부문 등 관리강화, 내외자 기업소득세 단일화 추진에 따른 투자 관망세, 인건비 등 전반적인 생산 코스트 상승 추세

  | 3대 긍정적 요인 여전히 높은 투자 수익률(18% 내외), 서비스업종 중심의 내수시장형 투자증가 전망, 대대적 환경보호 조치로 환경보호, 에너지절약 분야 외자유입 가속화 전망

경제정책 전망

- 정책기조는 2006년 거시경제 조정정책의 틀을 유지하면서 중립적 수요관리형 정책이 계속될 것이다. 전혀 새로운 정책 또는 충격적 정책보다는 기존정책의 강도를 조정하면서 시장반응을 수시로 확인하는 '파인 태핑(fine-tapping)'에 무게를 둘 것으로 예상된다.

- 2007년 또는 2008년 시행이 예상되는 주요정책으로는

  | 신 노동계약법 근로자 퇴직금 적립 의무화 등으로 경영 코스트

상승이 우려돼 외자기업은 물론 중국기업도 반발.

| 반독점법   외자기업의 중국기업 M &A를 위축시킬 가능성 큼.

| 돈세탁방지법   기업회계 투명성 요구조건 강화가 주목적.

| 그린(Green) 정부조달제도   환경인증 필해야 정부조달 대상에 포함.

| 기업소득세 단일화   외자기업 경영 코스트 상승 요인.

| '07년 지속될 전망인 수출증치세 환급률 인하(폐지), 가공무역 금지품목 추가확대 조치는 경영 코스트 상승, 수익감소 요인.

3G산업을 노려라

그동안 말 많았던 중국 3G 사업자 선정의 윤곽이 2007년 드러난다. 중국표준인 TD-SCDMA의 기술 미성숙, 사업자 선정의 형평성 등을 고려하다 보니 차일피일 미뤄온 지가 벌써 3년째다. 하지만 중국정부도 막다른 길에 몰렸다. '2008년 올림픽 때는 중국에서 상용화된 3G 서비스를 보게 될 것'이라는 약속을 지키려면, 2007년 상반기엔 사업자 선정을 마무리해야 한다.

중국정부는 최근 'TD-SCDMA의 상용화 테스트가 완료되었으며, 조만간 사업자를 선정할 것'이라고 발표했다. 1998년부터 개발해온 독자표준인 TD-SCDMA는 이미 베이징 등 대도시 지역에서 시험가동을 거쳐 상업성이 검증됐다. 그럼에도 불구하고 3G 사업자 선정을 미뤄온 것은 3G 서비스가 중국 이동통신 산업구조 재편과 맞물려 있었기 때문이다.

현재 중국 이통시장은 차이나 모바일中國移動과 차이나 유니콤中國聯通의 독점체제다. 그러나 3G 사업자 선정에는 유선전화 사업자인 차이나 텔레콤中國電信과 인터넷 전용선 업체인 차이나 넷콤中國網通이 끼어들었다. 중국정부가 '3개업체 선정'을 공언했기 때문에 3장의 사업권을 노리고 4개 업체가 각축하는 상황이다.

중국언론들은 차이나 텔레콤- CDMA2000, 차이나 모바일-TD-SCDMA, 유니콤과 넷콤-WCDMA의 3개 조합이 유력한 것으로 본다. 업계 1위인 차이나 모바일 입장에선 기존 GSM 기술과 호환하기 용이한 WCDMA가 더 매력적이다. 때문에 '자원의 효율적 배분이란 측면에서 자사가 WCDMA를 운영하는 것이 국가적 이익'이라는 측면을 강조하고 있다.

하지만 정부의 입장은 정반대다. 업계 1위가 풍부한 자금력과 서비스 경험을 바탕으로 중국표준을 서비스해줘야 TD-SCDMA가 생존할 수 있다는 것이다. 정부의 막강한 영향력을 감안할 때 TD-SCDMA가 타 표준보다 먼저 상용화될 것이며, 차이나 모바일이 결국 총대를 멜 것으로 보는 전문가들이 많다. 하지만 일각에서는 TD-SCDMA는 여전히 기술적으로 다른 경쟁표준에 뒤떨어진 만큼 특히 단말기분야의 확장이 더딜 것으로 전망하기도 한다. 중장기적으로 시장에서 밀려날 수도 있다는 우려다.

2007년엔 3G 시대의 개막을 지켜볼 수 있을 것이다. 그러나 중국표준이 시장에서 살아남느냐 여부는 별개다. 중국표준의 존망은 휴대전화업체 등 관련업계에도 큰 파장을 미칠 것이다.

중국이 제3세대(3G) 독자 이동통신기술인 TD-SCDMA 시대를 열게 되면 약 4억 5000만 명의 휴대전화인구로 추산되는 중국의 통신시장 판도가 근본적으로 뒤흔들릴 것으로 예상된다. 중국당국은 얼마 전 베이징과 칭다오青島, 샤먼厦門, 바오딩保定 등 4개 도시의 고객 2만 명을 대상으로 독자기술을 응용한 3G 시험서비스를 개시했다. 이 지역에는 약 400여 개의 기지국이 건설될 것이다.

신화통신은 당국자의 말을 인용, TD-SCDMA 시스템 설비와 단말기 실제응용 등 대부분 기술적 문제가 해결됐으며 주요 대도시에서 2만 명을 대상으로 먼저 서비스를 실시하는 것은 중국의 3G가 상용화의 토대를 굳힌 것을 의미한다고 강조했다.

3G 통신 서비스시장에서 가장 눈에 띄는 중국기업은 대당大唐이다. 최근 중국통신건설中國通信建設은 대당과 TD-SCDMA 기술서비스 영역의 협력협정서에 서명했다. 이 협정서에 따르면 양측은 TD-SCDMA 기술서비스를 토대로 서비스영역 확대 등 다방면으로 협력하게 된다. 중국통신건설은 대당에 통신 공정항목을 용역의뢰하고 네트워크 시스템 관리보호 등 서비스를 제공하게 된다. 대당은 이에 상응하는 기술과 산업기술 훈련 서비스를 제공할 것이다.

대당측은 "TD-SCDMA 시스템과 네트워크의 주요 통신성능 관련지표들은 이미 다른 방식의 상용기술 수준을 넘어섰다"면서 "이는 TD-SCDMA 산업이 이미 그 토대가 형성됐을 뿐 아니라 빠른 속도로 발전하고 있다는 뜻"이라고 말했다.

또 하나 주목할 기업은 요우디엔郵電기재공사다. 요즘 통신시장 주변에는 "중국 통신기술 정책의 배후에 요우디엔의 큰 그림이 있는 게 아니냐"는 소문들이 퍼지고 있다. 이런 궁금증은 중국연통中國聯通의 한 유능한 책임자인 탄싱훼이譚星輝가 요우디엔의 총괄책임을 맡게 되면서 파생됐다.

외부에서는 이를 두고 새로운 계획을 위한 연막작전이며, 요우디엔사는 계속 휴대전화 판매상의 외길을 가지는 않을 것이라고 추측하고 있다. 왜냐하면 휴대전화시장의 폭발적인 확장에도 불구하고 불법 휴대전화 때문에 정작 단말기 판매이윤은 급격히 줄고 있기 때문이다. 중국통신건설은 최근 대당과의 협력을 통해 TD-SCDMA 네트워크의 확충을 촉진키로 했다. 그런데 통신건설은 요우디엔의 하수기업이다. 따라서 TD-SCDMA 영역의 진입도 결국 요우디엔을 위한 것이라는 해석이 가능하다.

3장

중국주식 따라하기, A to Z

중국 주식계좌 개설부터
투자까지

중국 주식시장에 관한 기초지식

중국주식이 새롭게 부상하고 있다고 하는데, 중국주식을 사려면 꼭 중국에 가야 하는 걸까? 한국에서 중국주식을 사는 방법은 없나? 아직도 중국주식이 보편적이지 않은 탓에 중국주식을 거래하는 것에 대해 잘 모르는 사람이 많다.

현재 국내에서도 증권사를 통하여 중국주식을 직접 살 수 있고, 또한 차이나펀드(국내운용사 및 역외운용사 포함)도 구성하고 있는 포트폴리오를 포함하여 2008년 베이징올림픽 수혜주, 위안화 절상주 및 3G 수혜주를 집중적으로 살 수도 있다. 국내에서는 굿모닝신한증권, 현대증권, 한국투자증권, 한화증권, 리딩투자증권, 키움증권 등을 통하여 중국주식을 직접 살 수 있다.

2006년 10월부터 중국의 외환보유고가 1조 달러를 돌파하여 이 돈의 일부가 2007년부터는 QDII를 통해 홍콩에 상장되어 있는 중국의 우량주인 H주로 투입될 전망이다. QDII(국내기관투자자 인가제도)란 중국의 연금펀드와 보험회사, 은행 등이 홍콩을 비롯한 해외시장에 투자하는 것으로 특히, 홍콩 H주가 최대 수혜주이다. 종류별로 나누어 대표적인 수혜주를 간추려 보면 다음과 같다.

위안화절상 대표 수혜주　부동산(베이징캐피탈랜드, 중국해외발전), 항공주(중국항공, 남방항공), 정유업체(페트로차이나, 시노펙)

베이징올림픽 대표 수혜주　부동산(베이징캐피탈랜드, 북경북진실업), 항공주(중국항공, 남방항공), 소매(북경우마트, 청도맥주)

3G 대표 수혜주　통신주(차이나모바일, 차이나텔레콤, 중흥통신)

그렇다면 중국주식에 투자하는 두 가지 방법에 대해 알아보자. 직접투자방법과 간접투자 방법이 있다.

직접투자방법

- 국내 증권사에 해외 주식투자용 외환거래계좌 개설(주민등록증, 도장 지참)
- 본인의 해외 주식계좌에 대금 입금
- 환전 요청(고객이 직접 환전을 요청해야 하며, 환전요청일 전신환율 적용)
- 증권사가 외화계정 입금 처리
- 개인이 미국 등 해외 수익증권 매수요청
  * 해외주식을 판 경우 매도대금은 계약체결 이후 5일째 되는 날

외화로 통장에 입금됨

간접투자방법

해외펀드에 투자하는 것을 말하는데, 중국투자 해외펀드에 가입하려면 중국본토보다는 주로 홍콩 증권거래소에 상장되어 있는 H주와 레드칩 등 두 가지 시장에 투자하는 것이 좋다. 이 경우 대부분 위안화가 아닌 홍콩달러로 투자한다. 중국에 투자하는 펀드는 달러화로 평가를 한다. 따라서 위안화가 평가절상되면 펀드 기준가와 수익률은 유리한 영향을 받는다. 펀드는 은행 예금, 적금과 달리 주식시장이 하락하면 최악의 경우 일부 원금 손실이 발생할 수 있다는 것을 상기할 필요가 있다. 따라서 가입하기 전에 다음 사항을 집중적으로 확인해야 한다.

- 해외펀드 투자전략 및 투자대상
- 환매가능 시기
- 수수료율
- 환헤지

| 간접투자상품 선택요령 |

- 자신의 성향에 맞는 상품을 골라라.
- 가입 타이밍을 잘 잡아라.(상승국면 초기가 최적기)
- 운용회사의 펀드매니저의 운용성과를 꼭 확인하라.
- 투자설명서를 꼼꼼히 읽으라.
- 환매(중도인출) 관련사항을 체크하라.

- 펀드유형을 다양화하라.

해외펀드 투자 시 유의점

- 펀드투자를 결정하기 전에 전체 투자계획과 투자기간, 위험성향을 분석, 대상펀드의 적합성을 고려한다.
- 단기수익을 노린다면 투자를 자제한다. 일반적으로 펀드투자 시 장기투자에 기초해야 하므로 단기수익을 노리는 투자는 손실이 발생할 수 있다.
- 분산투자로 투자손실 위험을 분산시키는 것이 좋다. 직간접 투자 모두 분산투자는 기본이다.
- 금융시장이 침체될 때 당황하지 말고 침착하게 대응한다.

중국주식에 적극적으로 투자하려면 중국 현지 증권회사에 자신의 거래계좌를 만드는 것이 유리할 수도 있다. 한국이나 일본에서 중국주식을 거래할 때보다 수수료가 저렴하고, 특히 거래할 때 세금이 전혀 없다는 큰 장점이 있기 때문이다.

중국에서 주식계좌 개설하기

- 증권회사에 방문해 계좌를 개설하기 전에 먼저 은행계좌부터 개설해야 한다. 중국 증권회사에서 개설하는 자금계좌는 먼저 일반 은행에 개설해놓은 은행 외환계좌와 연계될 수 있어야 하기 때문이다. 증권회사에서 계좌를 개설할 때 한국 증권회사와 가장 큰 차이점은 주식 관리를 위한 주주계좌와 자금관리를 위한 자금계

좌를 별도로 만들어야 한다는 점이다. 그리고 약간의 계좌개설비가 필요하고, 한국의 주주계좌와 달리 거래하고자 하는 시장(즉, 상하이, 심천, 홍콩)마다 각각의 주주계좌를 개설해야 한다. 각 거래소마다 별도로 거래해야 하기 때문이다.

- 주주계좌 개설을 마치면 즈진장하오資金帳號(자금장호, 주주계좌번호)가 기입된 용지와 카드를 교부해준다.

- 주주계좌를 개설하면서 해당 증권사에서 지정해준 자금계좌(상하이시장의 경우 미국달러계좌, 심천시장의 경우에는 홍콩달러계좌)로 해당 은행을 방문하여 자금이체를 연결한다. 이 경우 외환계좌에는 최저입금액 이상의 돈이 예치되어 있어야 한다.

한국에서 계좌 개설하기

한국에서 중국주식에 투자하기 위해서는 먼저 계좌를 개설해야 한다. 중국주식을 취급하는 몇 개의 증권사가 있다. 증권회사와 전국의 국민은행 지점에서 투자증권의 해외증권계좌를 개설할 수 있으며 개설과 동시에 투자증권의 해외주식 전문가로부터 다양한 서비스를 받을 수 있다.

구비서류

| 투자증권회사 |

1. 개인: 본인—실명확인증표(주민등록증, 운전면허증, 여권), 거래인감(서

명), 은행통장(본인)

대리인-실명확인증표(계좌주, 대리인), 인감증명서(금융거래계좌 개설에 이용), 위임장, 거래인감, 은행통장(계좌주)

2. 법인: 대표-사업장등록증, 법인대표자의 실명확인증표, 거래인감
   대리인-사업자등록증, 법인인감증명서(금융거래계좌 개설에 이용), 사용인감계, 위임장, 대리인의 실명확인증표, 거래인감

| 국민은행 지점 |

1. 개인: 본인-실명확인증표(주민등록증, 운전면허증, 여권), 거래인감(서명)

   대리인-실명확인증표(계좌주, 대리인), 인감증명서(금융거래계좌 개설에 이용), 위임장, 거래인감

※ 참고사항
1. 계좌 개설 시 기재하는 비밀번호는 환전, 이체신청 등 증권거래 시 사용된다.
2. 입금은 증권카드 뒷면에 기재되어 있는 국민은행 연계계좌로 입금해야 한다.

계좌개설 절차

구비서류를 지참하여 증권회사 방문 → 해외주식계좌 개설신청서 작성 → 계좌개설(외화거래계좌, 위탁자 계좌)

※ 참고사항
1. 외화거래계좌: 매매전용 외화계정(외환계좌)
2. 위탁자계좌: 원화자금을 관리할 계좌
3. 거래방법: 온라인(직접거래), 오프라인(전화주문)

매매방법

- 매수 시: 매수대금 원화계정에 입금 → 환전 요청 시 달러로 환전 → 외화계정에 입금처리 → 주식 매수

  환전: 입금 당일 증권회사 기준시각(4시 ~ 4시30분)의 전신환율로 환전처리.

- 매도 시: 주식매도 → 매도대금(D+5일째) → 외화계정에 외화로 입금처리 → 매도대금 원화계정에 입금

  매도대금은 국내 주식거래와 달리 시차 외의 제반요인으로 (D+5일째) 되는 날 외화계정으로 외화입금된다. (환전: 매도대금은 외화로 보유, 고객의 요청 시 전신환율로 환전처리.)

중국주식 종목선정 포인트

중국 신은만국申銀萬國증권 연구소의 천샤오성陳曉昇 소장은 '한·중 리서치포럼'에서 상하이·선전 증시의 A주 중 우량 종목 300개를 선정해 산출한 상하이·선전 300종합지수가 2007년에 35% 가량 오를 것으로 예상했다.

천 소장은 투자와 수출 대신 앞으로 5년간은 소비가 중국 경제성장의 동력이 될 것이라고 말했다. 기업들의 실적 증가세도 양호할 것으로 보이는데, 신은만국증권의 리서치 대상 주요기업들의 2006년과 2007년 순이익은 각각 31%, 21% 증가할 전망으로 수급면에서도 긍정적이라고 강조했다.

또한 중국 내 주식형 펀드의 규모는 2300억 위안에 불과하지만 최근 자금유입속도가 급격히 빨라지고 있어 3~6개월 내에는 철강, 기계업종이 유망하다고 꼽았다. 그러나 장기적으로는 소비증대에 따른 수혜가 예상되는 금융, 서비스업종을 추천했다. 한편 2008년 베이징올림픽 이후 설비투자 감소로 중국경제와 증시성장이 꺾일 것이라는 우려에 대해서도 낙관했다. 소비가 늘어나면서 올림픽을 계기로 글로벌 경쟁력을 갖춘 기업들이 등장할 것이라는 예측에서 나온 분석이었다.

안전한 종목을 선정하기 위해서는 크게 네 가지의 기본전략이 있어야 한다.

기관투자자들을 따라하는 방법

- QFII 기관: 글로벌화한 투자이념과 성숙된 종목선정방식이 있다.
- 보험자금, 사회보장기금, 기업연금은 장기투자와 단기적인 현금흐름과 함께 고려하며, 투자안정성 1위이다.
- 펀드 대량 보유종목은 주가가 이미 반영될 가능성은 있지만 펀드들이 보유하고 있는 이유는 기타 종목에 비해 안정성이 높고 성장전망이 좋기 때문이다.

유망업종의 대표기업에 포트폴리오 투자

- 테마 업종 중 매출액 기준 앞 순위 2종목: 매출액 규모는 현상태에서 기업의 경쟁력을 보여준다.
- 시가총액 앞 순위 2종목: 매출액이 기업의 수익성과 전망을 더 잘 표현한다.

● 주의점: 기업의 부채비율, 재고 환전율, 영업성 현금흐름 상황을 감안할 필요가 있다.

포트폴리오 추적

중국 내 투자든 홍콩에 상장한 주식투자든, 장기투자에 있어 포트폴리오 관리는 아주 중요하다. 초기 종목을 선정하여 투자를 진행할 경우, 선정했던 종목에 예상치 못했던 변화가 생길 수도 있다. 경기 사이클의 영향, 구조조정, 유상증자 발행, 부실경영, 경쟁사와의 충돌 등의 경우도 종종 발생한다. 이럴 경우에는 일부 포트폴리오 구성을 바꾸어 최적화할 필요가 있다.

특히 홍콩 주식투자에서 구성종목을 바꿀 경우 기관들의 투자의견에 관심을 많이 가져야 한다. 기업의 성장전망이 어떤 영향을 받았는가에 대해 세심하게 분석하고, 최대한 기관들의 투자동향에 대한 정보를 수집할 필요가 있다.

업종별 경기 사이클

경기 사이클에 대한 영향을 많이 받는 기업들의 주가는 단기투자에 있어 주가 파동 리스크를 어느 정도 내포하고 있다. 과열경기 및 과다경쟁 업종, 위안화 절상, 올림픽 등의 국제적 행사가 기업에 미치는 영향 등을 고려하여 업종별 경기 사이클의 변화에 주목할 필요가 있다.

다국적 경영컨설팅사인 매킨지는 2025년까지 제품, 서비스 군별 중국시장의 성장속도를 예견했다. 의료 서비스 등 건강 관련 서비스와 제품분야가 연평균 11.6% 성장할 것으로 관측했다. 교육, 통신, 생활용품 시장도 9%대의 성장을 보일 것으로 내다봤다. 또 2025년엔 가구 연소득이 10만 위안(2000년 화폐기준) 정도인 중상위층이 전체의 60%를 차지할 것으로 전망했다.

해외투자자는 4대 테마주에 관심을 보였는데, 긴축정책에 영향을 받지 않는 기업(항만관련주), 금리상승에 따른 수혜주(보험회사), 턴어라운드형 기업(정유회사, 전력회사), 일찍 산업구조조정을 단행해 과잉생산 우려가 없는 수혜기업(석탄채굴회사, 알루미늄회사)이었다.

중국주식에 투자할 때 유의할 점

중국주식을 국내에서 살 때 몇 가지 유의할 점이 있다. 먼저 외국 주식시장은 수수료 체계가 한국과 다르다. 예를 들어 개인은 주식거래 주문을 할 때 매수대금을 전액 입금해야 하는데, 이는 증거금만으로 일단 주식을 사고 주식 매입일로부터 3일째 되는 날 잔금을 결제하는 한국과 다르다. 신용거래가 허용되지 않기 때문에 100% 증거금이 있어야 주식을 살 수 있다. 위탁수수료가 중국주식은 매매대금의 1.2%, 홍콩주식은 0.8% 정도로 국내 주식거래보다 훨씬 비싸기 때문에 단기매매에는 적합하지 않다.

또 외화주식 배당세는 16.5%가 적용되며, 현지에서 배당세를 낸 경우에는 16.5%에서 차액만큼만 더 내면 된다. 국내주식의 매매차익에는 양도세 20%가 붙는다. 하지만 양도소득세 20%는 원천징수가 아니라

본인의 신고납부다. 따라서 해마다 1~12월 발생한 매매차익에 대해 다음해 5월 종합소득세 신고를 투자자가 직접 해야 한다.

중국주식은 4일 결제(T+3일)제를 채택하고 있고, 체결이 이뤄진 뒤 현금이 국내 증권사를 통해 송금되어야 등기가 이뤄지는 COD(Cash On Delivery) 방식으로 거래되기 때문에 국내 주식처럼 주식을 산 뒤 당일에 다시 파는 데이 트레이딩은 불가능하다. 또한 환율등락에 따른 위험이 그대로 노출되어 있어 원화의 평가절상 시에는 환 손실이 발생할 수 있다. 원-달러, 원-홍콩달러 등 각종 환율변동에 따라 투자위험이 커질 수 있다는 점에 유의해야 한다.

중국주식 투자 시 명심해야 할 다섯 가지

❶ 시장의 흐름을 파악하라. 이익을 보는 경우는 언제나 시장의 큰 흐름이 오르막인지 내리막인지를 파악해 투자했을 때다.

❷ 해당종목의 가치를 파악하라. 한 종목을 가지고 오래 보유하고 있는 만큼 그 종목이 얼마나 믿을 만한지가 중요하다.

❸ 작은 이익에 연연하지 말라. 작은 이익에 연연할수록 오히려 큰 시장의 흐름을 놓칠 수 있다.

❹ 단기매매는 금물이다. 단기매매의 중독성은 심각하다. 이런한 중독성은 정확한 판단을 흐리게 만든다.

❺ 간접상품 활용으로 위험을 줄여라. 스스로 자제하는 것이 힘들다면 누군가 자제시켜 줘야 한다. 전문가의 조언을 듣든지 간접상품을 활용하는 것이 좋다.

수수료, 세금이 어느 정도 붙는지 확인하라

위탁수수료가 중국주식은 매매대금의 1.2%, 홍콩주식은 0.8% 정도로 국내 주식거래에 비해 훨씬 비싸기 때문에 단기매매에는 적합하지 않다.

B주식은 거래가 많지 않아 A주식에 비해 30~50% 할인된 가격으로 거래되는 것이 보통이다. A, B주식이 통합될 경우 그만큼 높은 수익을 기대할 수 있다는 점에서 B주식에 관심을 갖는 투자자들이 적지 않다. 하지만 증권관계자는 A, B주식의 가격차를 고려하면 1:1로 통합되기보단 가격비율에 따라 통합될 가능성이 크다며 지나친 기대를 경계했다.

A주 투자매력은 위안화 평가절상 가능성과 유동성이 풍부하다는 점이다. 또 우량기업의 경우 무상증자 등 주가를 올릴 만한 호재도 많은 편이다. 위안화 평가절상은 시간문제일 뿐 언제든 이뤄질 수 있다는 게 국제금융계의 정설이다.

그러나 반대로 리스크도 크다. 우선 불법거래라는 점에서 적발 시 형사처벌 대상이다. 또 현지인 명의로 거래하기 때문에 웬만큼 현지인과의 신뢰관계가 두텁지 않으면 안 된다.

A주식에 비해 B주식에 대해서는 배당을 적게 실시하는 기업도 있지만 시가가 싼 만큼 배당수익률이 높아진다는 점은 B주식의 매력이다. 외화주식 배당세는 16.5%가 적용되며 현지에서 배당세를 낸 경우, 16.5%와의 차액만큼만 내면 된다.

국내주식의 매매차익에 대해서는 세금이 없지만 외화주식 매매차익에는 양도세 20%가 붙는다. 따라서 거래수수료와 현지세금, 양도소득세를 포함해 최소 21% 이상의 수익이 나야 실질수익이 가능하다는 점에 유념해야 한다. 또한 중국시장은 변동이 심한 고위험시장이므로 분산투자 차원에서 자산의 일부분을 장기 투자한다는 자세로 접근하는 것이 안정적이라 하겠다.

현실적으로 중국주식에 투자할 수 있는 방법이 제한적이고 세금에 대한 부담이 있다 보니 '편법거래'도 늘고 있다. 특히 현지인들만이 거래할 수 있는 A주에 투자하기 위해 현지인 명의를 빌려 계좌를 개설한 후 직접 투자자들이 거래하는 '가면 매매'가 특히 많다. 중국에 오래 머무르고 있는 현지 주재원들의 경우 믿을 수 있는 현지인 명의로 거래를 하기도 한다.

수수료

중국거래소(B주거래시)					홍콩거래소	
합계	수수료	세금	결제대행	합계	국내수수료	해외수수료
0.55%	0.3%	0.2%	0.05%	0.75%	0.5% (최소수수료 : 100,000원)	0.25% (최소수수료 : 195HK$)

중국펀드, 가입에서 환매까지

중국펀드의 분류

중국 투자펀드에는 미래에셋 차이나솔로몬법인주 1Class, HSBC 중국 주식형 펀드, 템플턴 차이나펀드, 봉주르 차이나펀드, 피델리티 차이나펀드 등이 있다. 중국 내부의 증시는 상하이거래소, 심천거래소가 있는데, 이 거래소는 각각 두 가지로 분류된다. 중국은 국내인 전용증시를 A시장이라 하고 외국인에게 개방된 B증시라고 한다. 하지만 외국인, 펀드운용사들은 A시장에 대해서는 아주 제한적으로 선별해서 참여하고 있다. 예를 들어 '노무라 증권' 같은, 중국이 적합하다고 생각한 운용사에 한해 허용되며, 그것도 '1년 이내에 자금을 환수할 수 없다'는 조건이 걸려 있다. 그리고 외국인이라면 누구나 투자할 수 있는 B시장은 쓸 만한 주식이 많지 않고 시장이 협소하며 유동성이 취약해 대부분의 중국투자 해외펀드들은 홍콩증시(항셍지수)에 상장된 중국기업에 투자하고 있다. 홍콩에 상장된 중국기업의 수는 약 94개이며, 이를 H주라 부른다. 마찬가지로 런던증시에 상장된 중국기업은 L주, 뉴욕증시에 상장된 주식은 N주라 한다.

이들 94개 H주 중에서 중국정부와 국영기업이 최대주주로 참여해 홍콩에 설립된 기업들을 '레드칩'이라고 한다. 레드칩은 27개 종목으로 구성된 지수를 '항생 중국투자기업지수'(HSCCI)라고 한다. 특히 H-주식은 대부분 우량주들로서 투명성이 상대적으로 높은 데다 에너지, 소재, 산업재 등 업종이 차지하는 비중이 70%를 넘어 중국경제의 성장동력을 가장 잘 반영하고 있다. 이에 따라 외국인들은 대부분 이 H-주식에 투자하고 있다.

대부분의 중국펀드는 '미 달러'화로 투자되기 때문에 환율변동에 촉각을 기울여야 한다. 수익률이 환율의 영향을 받지 않기 위해서는 '선물환 계약'을 통해서 환헤지를 해야 한다. 이것은 펀드를 가입할 때 신청해야 하며 1%의 수수료를 내야 한다. 그러나 고액 가입자에겐 수수료 없이 환헤지를 제공하기도 한다. 단, 3천만 원 이하 소액 가입자들은 비용을 부담해도 환헤지가 적용될 수 없는 경우도 있다는 점을 유의해야 한다.

위안화 가치는 앞으로 단계적으로 절상(가치상승)할 가능성이 높다. 급격한 상승은 중국의 수출경쟁력을 떨어뜨려서 펀드수익에 악영향도 미칠 수 있지만 적절한 상승은 중국경제의 과열을 억제하고 미국, 유럽 국가들의 반발을 줄여 중국경제의 안정적인 성장에 유리하다고 하겠다. 또한 위안화 절상은 이론적으로 중국기업의 가치가 달러화 자산을 기준으로 상승하는 것이기 때문에 장단점을 함께 가지고 있다.

2006년 모 일간지에서 하나은행 프라이빗 뱅커(PB)와 대한투자증권 자산관리담당 직원을 대상으로 내년 재테크 전망 설문을 실시했다. 그 결과 298명의 응답자 중 절반(49%)이 해외펀드를 가장 높은 수익률이 기대되는 재테크 수단으로 꼽았으며 해외펀드 다음으로는 주식형 펀드(28%)와 주식 직접투자(14%), 부동산투자(7%)가 뒤를 이었다. 2007년에 비중을 높이고 싶은 재테크 수단으로도 역시 해외펀드(42%)가 1순위로 꼽혔다. 따라서 중국관련 직접투자 상담 외에도 많은 관심을 끄는 해외펀드, 그중에서도 금융상품 중 최고의 수익률을 자랑하고 최고의 재테크 상품으로 전망하는 중국펀드에 관하여 자세히 알아보도록 하자.

2006년 말 미래에셋자산운용의 '미래에셋 차이나솔로몬법인주 1Class'의 연초 이후 수익률이 50%에 달하는 등 중국펀드를 중심으로 수익률이 50%대에 육박하는 그야말로 '대박' 펀드가 등장했다. 반면 피델리티 대중국펀드'의 연초 이후 수익률은 15%에 불과하다. 왜 이런 일이 벌어졌을까? 투자 대상지역이 다르기 때문이다. 대다수의 국내 투자자들은 해외펀드에 중국이라는 나라만 들어가 있으면 다 똑같다고 생각하지만 결코 그렇지 않다. 중국관련 해외펀드는 중국본토에 투자하는 중국펀드(중국 본토기업이면서 홍콩증시에 상장된 중국기업인 H주 혹은 레드칩주)와 중화권(홍콩, 대만) 투자하는 대중국펀드가 있다. 2006년 우리에게 최고의 수익을 안겨주었던 중국펀드는 중국 본토기업이면서 홍콩에 상장되어 있는 H주(레드칩주 포함) 위주로 투자하고 있는 중국펀드였던 반면에 수익률이 저조한 '피델리티 대중국펀드'는 중국은 물론 홍콩 및 대만까지 아우르는 대중국펀드였다.

따라서 향후 중국펀드 가입시 유의할 점은 다음과 같다.

1) 중국과 관련된 펀드수익률은 중국 내에서도 중국의 범위를 확실히 구분하여 투자지역과 방식을 골라야 하며 또한 중국펀드의 종류부터 챙겨봐야 한다.
2) 개인별 금융소득이 4,000만 원을 넘어서면 다른 종합소득과 합산한 누진세가 적용된다.
3) 역외펀드(해외투자운용회사가 해외에서 운용하는 펀드)일 경우, 펀드 내 환헤지가 불가능하므로 투자자가 환율변동에 따른 위험을 고려해 1년 단위로 선물환 계약을 체결, 위험을 분산시키는 것이 현명한

중국증시에 투자하는 중국펀드

펀드 이름	연초 이후 수익률(%)
봉쥬르 차이나주식 1	54
피델리티 중국포커스 펀드(역외펀드)	53
미래차이나 솔로몬법인주 1Class	50
HSBC 중국주식형 펀드(역외펀드)	45

중국, 홍콩, 대만증시에 투자하는 대중국펀드

펀드 이름	연초 이후 수익률(%)
슈로더 대중국펀드	25
템플턴 중국펀드	23
피델리티 대중국펀드	15

방법이다.

4) 펀드운용사 및 증권사에서 제공하는 해외 주식동향 등을 점검한
   후 전문가와 충분한 상담을 거쳐 투자를 결정해야 한다. 내 자산
   을 자기 자신만큼 꼼꼼히 생각하고 관리해줄 판매회사는 없기 때
   문이다.

중국펀드, 꾸준히 증가세

2006년 최고의 수익률을 자랑한 재테크 수단은 단연 해외 주식형펀드
였다. 중국, 인도, 인도네시아 등에 투자한 해외펀드는 2006년 들어 연
평균 25%를 훌쩍 뛰어 넘는 고수익을 올린 것으로 나타났다. 특히 해
외펀드는 부동산 열풍에도 부동산 투자수익률을 웃돌아 최고 히트상품
으로 자리잡았다. 해외펀드 중에서는 중국에 투자한 해외주식형 펀드
(중국펀드)가 수익률 최고를 기록했다.

2006년 해외펀드 중 빼놓을 수 없는 시장은 단연 중국이다. 국내총
생산(GDP) 성장률이 10% 이상을 기록중인 가운데 2008년 올림픽,
2010년 엑스포 등 초대형 이벤트 개최를 앞둔 상황에서 끝없이 밀려드
는 외화유입으로 상승세를 보였다.

물은 높은 곳에서 낮은 곳으로 흐르기 마련이며 돈은 불려줄 곳으로
모이게 마련이다. 지속되는 높은 성장률, 안정적인 소비자물가, 수출입
규모 확대 등을 근거로 국제금융자본의 중국에 대한 베팅은 계속되고
있다. 하지만 여기서 간과해서는 안 될 몇 가지 체크 포인트가 있다.

첫째는 비유통주의 유통화 추진이다. 중국은 현재 사회주의에서 자본주의로 힘차게 발걸음을 옮기고 있다. 외환위기 이전 우리나라 공기업 지분의 상당부분을 정부가 보유했듯 중국도 공산당이 주요기업들의 발행주식 물량 중 3분의 2를 보유하고 있다. 이른바 '비유통주'다. 시범기업들의 유통화 발표로 우량기업들의 주가가 20% 이상 상승하면 중국증시가 한 단계 업그레이드되는 계기가 될 전망이다.

둘째는 위안화 절상이다. 변동환율제 도입으로 중국환율 절상에 대한 투자자들의 기대가 커졌으며 향후 지속적으로 절상될 가능성이 있다. 이는 중국내 부동산, 채권, 주식 등 투자 상품 및 실물자산 가격의 장기적인 상승세를 이끌어낼 전망이다.

셋째는 A, B 증시의 통합이다. 같은 기업이라 하더라도 각기 다른 시장에서 각기 다른 가격이 형성될 수 있으며 거래되는 통화에 따른 환율 차이에 의해 가격왜곡이 발생할 수 있다. B증시 상장기업 주식은 같은 기업의 주식으로 동일한 권리를 갖고 있음에도 불구하고 위안화로 환산할 경우 A증시 같은 종목에 비해 가격이 약 35% 할인되어 있다. A, B증시가 통합될 경우 B주식이 A주식으로 편입되면 주가는 A증시를 따라 상승할 것이다. 이는 중국증시를 밝게 보는 또 하나의 이유다.

한편 최근 중국시장과 관련해 올림픽 관련 인프라 건설을 위한 경기특수가 막바지에 다다르고 있으므로 지나친 낙관론을 경계해야 한다는 전망이 나오고 있다. 게다가 50%에 가까운 상승률은 누가 보기에도 부담스럽다. 조정가능성을 염두에 두고 장기적인 시각으로 분산투자하는 것이 바람직한 것 같다.

	국내펀드	해외펀드
투자국	국내	해외
기준통화	원화	달러화 및 투자국 통화
투자대상	국내 주식 채권실물자산	외국 주식 채권실물자산
소득세	비과세	과세(15.4%) 폐지안 통과(펀드부분)
현금화기간	3일	7일

중국은 세계증시에서 가장 매력적인 지역으로 꼽혔다. 중국정부가 경기과열을 억제하기 위한 투자억제책과 함께 소비성장을 위한 내수부양책을 효과적으로 쓰고 있다는 분석에 대체적으로 공감하는 분위기이다. 최근 주가상승에도 밸류에이션이 과거 평균수준이라 아시아 주요국 대비 밸류에이션 부담이 가장 낮다고 분석했다. 중국증시는 MSCI 기준으로 연초대비 변동성이 20%, 수익률이 57%로 위험대비 수익이 타 지역대비 가장 높았다.

그러나 중국정부의 산업 구조조정, 위안화절상 압력, 수출억제책은 중국기업의 수출증가세를 둔화시키는 요인으로 지적됐다. 중국 전체 수출 중 가공무역방식의 수출이 절반 이상 차지하고 있다는 점을 고려하면 전반적인 수출 감소세는 불가피하다는 분석도 있다.

역외펀드 vs. 중국투자펀드

해외투자펀드는 국내법에 의해 국내에서 만들어진 역내펀드On-Shore Fund와 해외에서 만들어져 국내에 수입된 역외펀드Off-Shore Fund가 있다. 일반적으로 역내펀드는 가입자 의사와 상관없이 펀드 내에서 자체적으로 환헤지를 한다. 반면 역외펀드는 투자자가 환헤지 여부를 결정해야 한다.

역내펀드On-Shore Fund는 국내에 설정돼 있는 원화 베이스 펀드로 국내 투신사 및 자산운용사에 의해 운용된다. 일반적인 국내 수익증권과 펀드구조 및 투자방식 등에 있어 동일하다. 적립식투자, 세금우대 등이 가능하며 펀드 내 환헤지를 하는 경우가 일반적이지만 펀드 내 환헤지를 하지 않는 펀드도 있으니 유의해야 한다. 투자자산이 원화 베이스이므로 계좌별 환전업무는 없으나 일반적으로 운용사에서 일괄적으로 환전관련 업무를 담당한다. 인터넷으로 가입이 가능하다.

역외펀드Off-Shore Fund는 해외투자운용회사가 해외에서 운용하는 펀드로 전세계 다양한 주식, 채권 등 유가증권에 투자하는 간접투자상품이다. 국내 투자자를 대상으로 수익증권, 뮤추얼펀드를 발매해 조성한 자금으로 주로 해외증권시장에 상장된 유가증권에 투자, 운용한다. 국내 투자자에게 해외유가증권에 대한 간접투자의 기회를 부여한다고 볼 수 있다. 해외투자펀드는 국내투자펀드에 비해 정보부족, 환위험 등의 위험요소를 가지고 있으므로 해외투자펀드에 투자할 때는 분산투자를 통해 위험을 관리하는 것이 바람직하다.

역외펀드는 펀드 내 환헤지가 불가능하므로 투자자가 1년 단위의 선물환계약을 체결함으로써 환위험을 분산시켜야 한다. 인터넷 가입은 불가능하며 판매사를 방문해 가입하는 경우가 대부분이다. 대표적인 역외펀드에는 템플턴 차이나펀드, 피델리티 태평양펀드, 차이나포커스 펀드, 인디아포커스 펀드 등이 있다.

역외펀드 중 가장 많은 자금이 몰린 나라는 일본으로 총 2조 1222억 원의 수탁액을 기록했으며 이는 해외펀드 전체 투자규모의 22.8%에 해당한다. 일본 다음으로 투자규모가 많았던 곳은 중국이었다. 중국지역 투자펀드의 수탁액은 2조 886억 원으로 전체의 22.4%였다. 인도에 투자하는 펀드도 1조 479억 원으로 해외펀드 투자금의 11.3%를 차지했다.

중국펀드는 한 종류가 아니다. 중국 주식시장에서 운용되는 해외뮤추얼펀드가 있고, 뮤추얼펀드 중에서 몇 개를 골라 국내 투신운용사가 다시 간접투자해 운용하는 재간접투자신탁(FOFs)이 있다. 우리가 신문 경제면 등에서 가끔 볼 수 있는 피델리티, 슈로더, 프랭클린템플턴과 같은 글로벌 투신사들은 중국 상하이와 선전, 홍콩 주식시장에서 외국인 투자자들에게 허용된 중국주식에 투자하는 뮤추얼펀드를 운용한다.

투자방식에 따라서는 증시 상장종목에 직접 투자하는 직접투자펀드와 펀드에 투자하는 재간접펀드로 나뉜다. 이 경우 수익률은 크게 차이 나지 않지만 재간접펀드의 수수료가 더 비싼 경우가 많기 때문에 가입 전에 챙겨볼 필요가 있다.

같은 직접투자펀드 내에서는 외국에서 설정된 역외 중국펀드와 국내 운용사가 국내에서 설정한 해외투자 중국펀드로 나뉜다. 모든 해외펀드에서 환율이 주요한 변수지만 특히 역외 펀드는 달러로 투자하는 경우가 많기 때문에 환율변수를 더 꼼꼼하게 따져봐야 한다. 2006년의 경우 원화강세로 인해 역외펀드가 원화환산 수익률에서 10%포인트 이상 손해를 봤다.

전세계에서 판매되는 중국관련 역외펀드 중 피델리티, 템플턴, BNP

파리바 등 외국계 자산운용사에서 국내 투자자의 비중이 각각 63% 47%, 70%나 된다.

중국펀드 가입 및 유의할 점

국내 투자자가 해외뮤추얼펀드에 직접 투자할 경우에는 원화를 달러화로 바꿔 펀드투자를 신청한다. 해외 투신운용사는 이 달러자금을 가지고 홍콩 H주식에 투자하거나 일부를 홍콩달러로 바꿔 홍콩이나 선전 주식시장에 상장된 중국기업 주식에 투자한다. 일부를 외국인투자자들에게 허용된 상하이 A주식에 투자할 수도 있다.

이렇게 운용한 자금을 찾을 경우 반대의 수순을 밟는다. 따라서 최후에 원화로 환전할 때 환율 차이에 의한 이익 또는 손실이 발생할 수 있다. 펀드투자 손익에다 환차손익까지도 감안해야 하는 것이다.

재간접투자신탁의 경우 국내 운용사가 고객으로부터 받은 원화자금을 해외펀드에 재투자할 때 선물환 계약 등을 통해 환헤지 거래를 한다. 국내 투자자가 환매 시 원화로 받게 됨으로써 발생할 수 있는 환위험을 줄이기 위해서다.

해외뮤추얼펀드는 투자자가 선택한 해당 펀드에만 투자한다. 반면 재간접투자신탁은 뮤추얼펀드 여러 개에 나눠 투자한다. 국내에 소개된 중국형 재간접투자신탁은 약 5~6개의 중국시장 뮤추얼펀드에 나뉘어 재투자된다고 보면 된다. 이는 펀드유형에 따른 투자위험을 분산하는 효과가 있다. 물론 국내 운용사가 재간접투자를 실행하는 것이므로 국내 운용사 몫의 운용보수는 투자원금과 수익에서 공제된다.

이렇게 볼 때 해외뮤추얼펀드가 투자자에게 다소 불리하다고 생각할 수도 있다. 그러나 '통화별 자산배분'이라는 해외펀드 본래의 투자목적에서 보면 어느 것이 좋고 나쁘다고 말할 수 없다. 물론 최근 해외뮤추얼펀드도 거치형의 경우 거래은행과 선물환 계약을 통해 환차손 방지가 어느 정도 가능하다.

한편, 보다 안정적인 투자를 원한다면 적립식펀드를 눈여겨 볼 필요가 있다. 적립식펀드는 상품의 명칭이 아니라 펀드에 돈을 넣는 방법을 말한다. 일정금액을 저축하듯 펀드에 넣는 것을 의미한다. 일단 적은 금액으로 투자할 수 있다는 장점이 있다. '투자'로 지칭되는 일종의 종자돈 없이도 다달이 저축하듯 쉽게 투자에 나설 수 있다. 무엇보다 적립식펀드의 장점은 주가등락에 따른 위험을 줄일 수 있다는 데 있다. 적립식펀드는 주가가 오를 때 적게 매입하고, 주가가 하락할 때 많이 매입하면서 평균 매입단가를 낮추는 효과가 있다.

해외펀드에 가입할 때 알아두어야 할 점

- 모든 투자가 그러하듯이 장기적인 전망에 바탕을 두고 시작해야 한다.
- 투자대상국별, 투자유형별로 포트폴리오를 꼭 가져야 한다.
- 전문 길라잡이가 꼭 필요하다.

해외펀드에 가입할 때 유의할 점

- 환율변동에 따른 위험에 대비해야 한다.
- 상품유형별 위험을 제대로 알아야 한다.
- 환매신청 후 자금을 되돌려받는 기간이 길다.
- 펀드운용사의 운용능력과 신용도가 중요하다.
- 분산하여 장기투자해야 한다.
- 성장잠재력이 높다고 항상 높은 수익률이 보장되는 것은 아니다.
- 중도해지하면 환매수수료가 부과된다.
- 수수료, 세금이 어느 정도 붙는지 확인하라.

가입 후 관리

펀드에 가입할 때는 투자설명서에 서명해야 한다. 투자설명서란 운용사가 '앞으로 이렇게 투자하겠다'고 투자자에게 알려주는 일종의 안내문이다. 투자설명서를 꼼꼼하게 읽고 이해하는 것은 펀드투자의 첫걸음이다.

투자설명서는 판매사가 반드시 투자자에게 제공하고 주요내용을 설명한 뒤, 투자자들로부터 서명을 받도록 법에서 규정하고 있을 정도로 중요하다. 원금손실 등으로 인한 법적인 분쟁이 발생하면, 펀드 운용내역과 투자설명서의 내용이 일치하지 않을 경우 투자자의 권리를 법적으로 보호받을 수 있는 증빙서류가 되기도 한다.

투자설명서에는 해당 펀드의 모든 것이 나와 있다고 해도 과언이 아니다. 원금손실 가능성 여부를 비롯해 상품의 개요와 운용방법, 투자대상, 환매조건, 수수료, 과세체계까지 자세히 설명하고 있다. 펀드매니저 소개는 물론 투자위험성이 높은 선물, 옵션 등 파생상품에 대한 전체 자산의 투자비중도 보여준다.

금융감독위원회는 투자자들이 펀드의 특성을 좀 더 쉽게 이해할 수 있도록 투자설명서의 요약부분을 꼭 필요한 정보위주로 재구성하도록 관련규정을 개정했다. 투자자들은 펀드에 가입한 뒤에도 각종 보고서를 통해 운용내역을 계속 점검할 수 있다.

분기마다 이메일 또는 우편 등으로 제공되는 자산운용 보고서를 통해 가입펀드의 기간별 투자내역과 보유현황, 운용실적 등을 파악할 수 있다. 1년에 한 번씩 제공되는 수탁회사(자산보관회사) 보고서를 통해서 자산운용사가 얼마나 펀드를 적정하게 운용하고 있는지 점검할 수 있다.

또한 투자하는 중간중간에 제대로 투자되고 있는지, 가장 쉽게 펀드의 운용상태를 점검할 수 있는 것이 바로 '분기자산운용보고서'다. 자산운용사들은 매분기결산이 끝나면 펀드투자자들에게 운용보고서를 보내준다.

가장 먼저 확인해야 하는 것은 펀드의 수익률이다. 펀드운용보고서를 통해 해당분기 수익률뿐 아니라 기간별 수치까지 살펴서 수익률이 들쭉날쭉하지 않은지를 점검해야 한다. 보고서의 수익률은 한 달여 전의 결산시점을 기준으로 계산돼 있으며 펀드 전체의 수익률을 뜻하는 것일 뿐 실제 내가 올린 수익률은 아니라는 점이다. 비슷한 유형의 펀드와의 비교도 가능하다. 일차적인 잣대가 벤치마크 수익률이다.

그 다음은 펀드의 투자전략과 특징에 대한 점검이다. 펀드는 투자전략에 따라 수익률이 크게 달라지므로 자신의 투자스타일과 맞는 전략을 꾸준히 구사하고 있는지 확인해야 한다. 이는 어떤 주식을 보유하고 있고, 어떤 시점에 이 주식을 매매했는지 살펴보면 대략적으로 확인할 수 있다. 특정분야에 집중 투자키로 한 펀드라면 실제로 그렇게 하고 있는지, 경영 위기에 몰린 업체의 주식을 사지는 않았는지를 챙겨보는 것이 좋다.

회전율도 펀드의 운용이 제대로 되고 있는지 점검할 수 있는 요소다. 회전율은 펀드를 얼마 자주 사고팔았는지 나타내는 지표다. 회전율이 높다고 반드시 나쁜 것만은 아니다. 펀드를 운용하는 비용은 증가하지만 좀 더 적극적으로 매매했다고 판단할 수도 있기 때문이다. 다만 장기 가치투자를 지향하는 펀드가 지나치게 회전율이 높은 경우는 투자 철학과 다르다고 판단할 수 있다.

간접적으로 펀드의 상태를 점검할 수 있는 방법도 있다. 같은 펀드에 가입한 다른 투자자들의 움직임을 알 수 있다. 새로 설정한 좌(펀드를 세는 단위) 수는 적은데 해지한 좌수가 급증한다면 적신호로 볼 수 있다. 펀드매니저의 변동상황도 점검해봐야 한다. 대부분의 펀드가 팀제로 운용되고 있지만, 팀원들의 변동이 잦으면 아무래도 안정성이 떨어질 수밖에 없다.

펀드 운용보고서 점검사항

● 펀드 기간 수익률 (펀드 수익률 변화 점검)

● 벤치마크 대비 수익률 (비슷한 유형대비 성적 점검)

● 펀드 투자전략 및 철학 (투자스타일과 철학이 꾸준한지 확인)

- 종목 보유내용 (투자철학에 맞는 종목 보유했는지 점검)
- 종목 매매현황 (회전율이 투자철학과 맞는지 확인)
- 펀드매니저 변동여부 (매니저의 잦은 교체는 안정성 저해 가능성)
- 펀드 설정액 증감 (설정액의 급감은 투자 적신호)

펀드가 아무런 문제없이 잘 운용이 되고 있는지 알려주고 투자에 참고하라고 알려주고자 하는 것이 펀드 운용보고서의 목적이다. 특히, 우리가 민감한 것은 바로 펀드의 성적인데 기간별 수익률 변화와 시장 평균대비 수익률(다른 말로 벤치마크 수익률)을 비교해봐야 한다. 이 수익률을 점검할 때는 펀드평가사 홈페이지(www.funddoctor.co.kr, www.kfr.co.kr, www.morningstar.co.kr)를 이용해 가입한 펀드의 수익률이 같은 유형의 펀드 중에서 몇 위인지를 꼭 확인해두어야 한다.

수익률이 낮거나 다른 투자자들의 해지가 늘어나는 모습이 보이면 환매여부를 점검해야 한다. 하지만 단기적인 수익에 집착하지 말고 가입한 펀드의 특성을 충분히 고려해 결정해야 한다.

결국 운용보고서는 내가 가입한 펀드를 환매를 할 것인지, 계속 보유할 것인지에 대한 결정에 중대한 자료가 된다. 따라서 운용보고서를 꼼꼼히 읽어보면 다음과 같은 경우에는 의사결정을 해야 한다.

1. 이익이 예상보다 지나치게 저조할 때

같은 유형의 다른 펀드들과 비교해 지나치게 많은 수익률 격차가 나고 있다면 분명 운용을 잘못했거나 펀드매니저가 자산을 편입시킨 후 관리를 소홀히 했을 수도 있으므로 원인을 알아보고 매도를 고려해야 한다.

2. 단기에 수익률이 너무 잘 나올 때

가입한 펀드가 단기에 수익률을 많이 내준다고 해서 반드시 좋은 것은 아니다. 하지만 이와 같은 경우에는 펀드가 무리한 투자를 했을 가능성이 있기 때문에 확인해봐야 한다. 즉, 단기에 수익률이 높다는 것은 반대로 시장상황에 따라 단기에 그만큼 손실을 볼 수 있는 가능성도 크다는 것을 염두에 두어야 한다.

3. 펀드의 운용전략이 바뀌었을 때

펀드매니저나 운용팀이 바뀌는 경우 운용전략 자체가 바뀔 수가 있다. 예를 들어 나는 안정적으로 배당주에 투자하는 펀드에 가입했는데 어느 순간 성장주 위주의 투자로 펀드의 투자전략이 변경될 수 있다. 이 경우 내가 추구하는 투자원칙과 다르다면 펀드의 환매를 고려하거나 펀드에 불입된 금액을 줄이는 방법을 생각해봐야 한다.

4. 저조한 수익률이 지속될 때

적립식펀드와 같이 장기투자의 경우 단기인 3개월, 6개월 수익률이 저조한 것은 크게 문제가 되지 않을 수 있다. 그러나 같은 유형의 펀드와 비교해 성과가 계속 저조하다면 환매나 교체매매를 고려해야 한다.

중국펀드와 세금

중국펀드에 투자하는 것은 좋지만 세금이 걱정이라면 세금에 대해 제대로 알고 대처하는 것이 좋다. 흔히 종합과세는 금융자산이 10억 원쯤은 있어야 대상이 될 거라고 생각하기 쉬운데 1억 원의 금융자산으로도 얼마든지 대상이 될 수 있다. 수익 전체가 과세표준 기준이 되는 해외펀드 때문이다.

수익금이 4천만 원이 넘으면 종합과세 대상자가 되어 국세청에 통보된다. 종합과세는 개인의 금융소득이 4000만 원이 넘으면 초과분을 그 해 올린 다른 소득과 함께 합산해 과세하는 제도이다. 종합과세 대상자의 금융소득은 다른 소득과 합산해 최고 35%의 누진소득세율이 적용된다. 예컨대 해외펀드에 1억 원을 투자했다면 수익률이 연 40%만 나도 바로 종합과세 대상이다. 해외주식 직접투자의 경우 20%의 양도소득세가 원천징수(연 250만원은 공제)되지만 분리과세가 된다. 종합과세 대상이라면 해외펀드도 직접 투자하거나 투자자문사를 활용하는 게 더 낫다는 것이 전문가들의 조언이다.

환매, 재투자 전략으로 세금을 줄이는 방법도 있다. 국내 펀드들은 해마다 결산해 재투자하고 배당하지만 해외펀드는 이런 과정 없이 누적하는 경우가 많다. 이럴 경우 찾을 때 한꺼번에 많은 세금을 물게 된다. 조금 번거롭지만 해마다 환매하고 재투자하면 세금을 좀 더 줄일 수 있다.

부자들의 1순위 절세상품은 채권이다. 분리과세 혜택 때문이다. 채권 이외에도 비과세나 분리과세 되면서 안정적 배당을 주는 선박펀드 등 틈새상품을 활용하는 것도 한 방법이다. 최근 열린 유전펀드 설명회에 부자들이 몰리면서 3대 1이 넘는 청약경쟁률을 보인 것도 이 상품이 가진 비과세와 분리과세 혜택 덕분이란 게 업계의 분석이다.

　모든 소득에 세금이 붙듯이 투자로 발생한 수익에도 세금은 있다. 다만 우리나라는 자본시장 활성화를 도모하자는 취지에서 주식 매매차익처럼 일부 투자소득에 대해선 세금을 매기지 않는다. 대표적인 투자상품은 주식과 채권이다. 주식은 매매를 통해 손실을 보거나 이득을 볼 수 있는데 주식거래에는 세금이 없다. 손실은 물론이고 매매를 통해 수익을 내더라도 세금을 내지 않는다. 단, 예외적으로 비상장 주식은 매매차익에 대해 과세를 한다. 이처럼 상장 주식매매에는 세금이 없다.

　그러나 주식을 보유해 발생하는 배당소득에 대해선 세금을 내야 한다. 기업들은 한해 농사를 지어 수익 중 일부를 주주에게 나눠주는데, 이를 배당이라고 한다. 주식을 장기로 보유할 경우엔 1년에 한 번, 또는 반년마다, 드물게는 분기별로 배당금을 받는다. 이때 받는 배당소득에 대해선 세금을 낸다. 단, 펀드를 통해서가 아니라 주식을 직접 사들여 보유하고 있는 투자자가 주식을 1년 이상 장기로 보유할 경우엔 액면 5000만 원(액면 500원 주식은 10만주, 액면 5000원 주식은 1만주)까지는 배당소득에 대한 비과세혜택이 있다.

　채권은 주식과 마찬가지로 채권거래를 통해 수익과 손실이 발생한다. 채권을 싸게 사서 비싸게 팔면 이익이 나는 건 주식과 마찬가지다. 또 채권을 일정기간 보유하면 이자수익도 발생한다. 이처럼 채권은 매매차익과 이자수익이 발생하는데, 이들 모두엔 세금이 붙는다. 많은 투자자들이 헷갈리는 부분이 간접투자상품인 펀드에 투자할 때다. 펀드가 주식이면 주식, 채권이면 채권 하나에만 투자한다면 문제가 없다.

펀드유형별 적용세금체계(일반기준)

구분	비과세부분	과세부분
주식형	주식매매차익	주식배당소득, 채권이자소득
혼합형	주식매매차익	주식배당소득, 채권이자소득, 채권매매차익
채권형		채권이자소득, 채권매매차익
해외펀드		주식매매차익, 주식배당소득, 채권이자소득, 채권매매차익

- 주식형 : 주식편입비중 60%이상, 채권도 편입될 수 있음
- 혼합형 : 주식편입비중 60%미만, 주로 채권에 투자
- 채권형 : 채권편입비중 60%이상(주식투자는 안 함)
- 해외펀드 : 투자대상(주식 및 채권)불문 과세

예컨대 앞서 설명한 대로 주식만 100% 투자하는 펀드의 경우엔 일반 주식과 똑같다. 매매차익은 세금이 없고, 배당소득에만 세금이 붙는다. 채권펀드 역시 100% 채권에만 투자하면, 일반 채권투자처럼 매매차익과 이자수익에 세금을 낸다.

그런데 주식형펀드나 혼합형펀드일 때는 문제가 생긴다. 주식형펀드는 자산운용협회 기준으로 주식편입비가 60% 이상인 상품이다. 주식비중이 60%를 넘지만 반드시 주식만으로 채워지지 않고 일부 채권이 포함될 수 있다. 그럴 때 주식과 채권 부분의 세금이 따로 계산되는데, 혼합형펀드도 마찬가지다. 유의할 점은 펀드수익률이 마이너스가 났더라도 세금을 내는 경우가 있다는 사실이다. 주식형펀드나 혼합형펀드의 경우 주식 매매손실이 커 펀드가 손실을 기록하더라도 주식의 배당수익, 채권의 매매차익과 이자수익에 대해선 세금을 내야 한다.

펀드의 기준가는 하락해 손실을 입었어도 주식배당이익, 채권매매차익, 채권이자소득 등으로 인해 과세표준 기준가는 꾸준히 상승하며, 과세대상이 되어 매매기준가가 손실을 입었더라도 세금을 내야 하는

상황이 발생하게 되는 것이다. 그러므로 해외에 투자하는 펀드의 경우엔 투자대상이 어떤 유형이건 모두 세금을 뗀다. 한국과 달리 대부분 외국에선 주식매매 차익에 대해 과세를 하기 때문에 해외펀드는 채권에 투자하는 주식에 투자하든, 주식과 채권을 섞어서 투자하든, 모든 투자대상에서 발생한 이익엔 세금이 붙는다고 이해하면 된다.

이 외에 일부 상품의 경우 소득세법에서 정하는 기본적인 과세기준과는 별도로 조세특례제한법에 의거 발생소득에 대해서 비과세 및 세금우대가 적용된다. 이러한 절세상품의 경우 조특법에 따른 기준에만 부합되면 전 금융기관에 공통적으로 적용된다. 장기주택마련저축, 연금저축, 세금우대 종합저축, 생계형 저축 등이 절세상품에 속한다.

환헤지 및 수수료

환헤지란 보유한 달러자산의 가치를 미래에도 현재 환율을 적용한 원화가치로 고정하는 것이다. 달러를 매입해 발생할 미래 달러가치 변동의 위험을 미래 일정시점에 일정한 가격으로 매도하겠다는 약정을 체결함으로써 없애는 행위를 말한다.

현재 시중에서 판매되는 국외펀드는 크게 국외투자펀드와 역외펀드로 나뉜다. 국내 자산운용사가 설계하고 자금을 모집해 외국 증시에 투자하는 국외투자펀드는 원화 기준 수익률이 적용된다. 달러에 대한 환헤지는 운용사가 하고 있어 개인이 따로 할 필요가 없다. 하지만 외국계 자산운용사 상품인 역외펀드는 달러화 등 현지 통화로 투자되는 상품이 대부분이다. 따라서 개인투자자는 자신의 펀드가 어떤 통화기준으로 투자되는지 파악하고 달러통화일 때 환헤지를 걸어두는 것이 좋다. 국외펀드 중에서는 각각 다른 국가 증시에 투자하는 펀드 3~4개를 한데 묶어놓은 재 간접펀드 스타일이 있다. 이 펀드는 3~4개국 통화에 대한 환위험을 서로 상쇄시키도록 설계되어 있어 개인이 환헤지를 따로 하지 않아도 된다.

환헤지는 보통 투자원금의 연간 0.5% 정도 수수료를 부담하지만 판매사에 따라 환헤지를 아예 안 해주는 곳도 있으니 가입 전 반드시 확인해야 한다.

환헤지란 기본적으로 투자원금에만 적용되는 것으로 발생이익과 손실은 그대로 환위험에 노출된다. 가령 달러당 환율이 1000원이었을 때 1000만 원(1만 달러)을 투자했다고 가정하자. 1년 후 환율은 900원으로 떨어졌는데 달러화 기준 수익률이 30%(수익금 3000달러) 발생했다. 이럴 경우 환헤지를 했더라도 수익금은 300만 원이 아닌 270만 원(3000달러×900원)이 되는 것이다. 그러나 반대로 마이너스 수익률이 발생했다면 손실이 회복되는 효과를 얻을 수 있다. 실제로 이 펀드수익률이 −30%였다면 손실액은 300만 원에서 270만 원으로 줄어든다.

일각에선 원화가 비싼 시기에 환헤지를 걸어두면 환율 상승기에 더 많은 달러화 자산 매입이 가능해 무조건 헤지를 걸어두라고 하지만 반드시 그런 것은 아니다. 만약 원화가 추세적으로 내려갈 조짐을 보이면 그순간 환헤지를 바로 풀어야 손해를 면할 수 있다. 그러므로 환헤지를 해서 손해 볼 수 있다는 사실도 알고 있어야 한다. 또한 최근 원화가 급등한 이유 가운데 하나로 기업들의 지나친 환헤지가 자주 거론되는데 환헤지가 폐해로 나타나는 경우도 있다.

최근의 환율급락을 보면서 해외펀드에 투자를 할 때 환헤지를 해서 안전성을 보장받으려고 하는데, 펀드에 따라 환헤지를 안 해도 되는 펀드와 선택이 가능한 펀드, 계약자와 상관없이 자체적으로 헤지하는 펀드가 있으므로 가입 전에 반드시 환헤지 관련사항을 문의해야 한다. 특히 인터넷으로 가입할 때는 투자설명서를 꼭 참조해야 한다.

그렇다면 해외 적립식펀드도 환헤지를 하는 것이 좋을까? 적립식펀드의 경우 평균단가 인하효과처럼 환율도 가입하는 시점마다 다르므로 자동 환율분산 효과가 있다고 볼 수 있다. 따라서 적립식투자의 경우 환헤지를 할 필요는 없다.

환헤지의 계약기간은 1년 단위이고, 종류로는 수기계약과 자동해지계약이 있다. 자동해지계약은 만기일에 펀드를 환매할 수 있다. 수기계약은 1년 만기 되는 시점에서 재계약여부를 결정해야 한다. 의사표시가 없는 경우 환계약은 자동 해지된다.

1년 후 환계약이 만기되면 세 가지 경우가 발생한다. 첫째, 만기시점에서 환계약이 만료되면서 펀드를 환매하는 경우, 펀드 환매분을 사전약정한 환율로 환산해 세금(15.4%)을 공제한 후 정산받게 된다. 둘째, 환계약이 만료되고, 펀드는 유지하는 경우 환율변동에 따른 이익금을 돌려받고 펀드는 그대로 유지한다. 셋째, 환헤지를 연장하면서 펀드를 유지하는 경우 둘째 사례와 마찬가지로 환차익만 되돌려받고, 1년짜리 환계약을 갱신하면서 펀드는 계속 운용된다.

모든 계약행위에서 필수사항 중 하나가 기간인데 펀드도 마찬가지다. 최소 계약기간(가입기간)이 있는데 1~3년이 보통이며 10년까지 다양하다. 가입기간은 펀드운용사와는 상관없이 판매사(은행, 증권사)에서 정하기 나름이다. 계약기간 이전에 해약하는 경우 위약사항으로서 과징금 성격의 수수료를 부담하게 되는데 이를 '환매수수료'라고 한다.

일반적으로 펀드는 가입 후 90일(펀드마다 기간을 다르게 정할 수 있음) 이전에 환매하게 되면 이익금의 70%에 해당되는 금액을 환매수수료로 부담한다. 모든 펀드는 스타일과 유형별 투자전략에 따라 각종 주식, 채권, 유동성(MMF, CALL 등)에 장기적인 포트폴리오를 배분해 자산을 편입한다. 이렇게 편입된 자산들이 운용되는 과정에서 예기치 않은 환매는 운용전략상의 위험이라고 할 수 있다. 이러한 위험을 보완하는 장치로 높은 비율의 환매수수료를 부과한다. 일정기간 동안 환매하지 못하도록 하기 위한 패널티성 수수료이다. 환매자의 수익금 70%는 운용사나 판매사에 귀속되지 않고 펀드의 신탁재산으로 재편입되어 운용된다. 비록 주식형펀드 가입 후 10%의 수익률이 났다 하더라도 최고 가입기간인 90일을 채우지 못하고 환매했을 경우 10% 수익의 70%인 7%를 제외한 3%만 실제 수익으로 취할 수 있다. 반면 90일 이후에 환매하는 경우 펀드수익의 전액인 10%가 투자자의 몫이 된다. 거치식 펀드의 환매수수료는 90일 이내 환매 시 수익금액의 70%는 환수한다.

거치식 펀드의 환매수수료는 웬만한 투자자는 다 아는 상식에 가깝다. 하지만 적립식펀드의 환매수수료는 조금 더 복잡하다. 예를 들어 만기가 3년이고, 환매수수료 부과기간이 3개월인 주식형펀드에 가입했다고 하자. 가입 후 2년 5개월(29개월) 되는 시점에서 환매했을 때 환매수수료는 계약기간인 3년을 채우지 못했기 때문에 부과된다. 최근 불입기간 3개월 중 수익금액의 70%를 환매수수료로 징구한다. 불입기간 중 다달이 2%의 수익을 고정적으로 냈다고 가정했을 때 29개월 현재 수익률은 58%다. 그간의 수익 58%에서 환매수수료 70%를 다 가져가는 게 아니라 최근 3개월 불입금액인 27, 28, 29개월째에 불입한 금액에서 발생한 수익금 6%의 70%를 수수료로 가져가는 것이다. 따라서 세금은 논외로 하고 투자자의 손에 쥐는 수익은 53.8% = 52%(2%X26개월) + 1.8%(3개월 수익금 6% X 30%)가 된다.

마지막으로 펀드 가입 시의 유의점을 요약하여 살펴보자.

첫째, 중국 투자 해외펀드는 중국 본토보다는 주로 홍콩 증권거래소에 상장돼 있는 H주식과 레드칩 등 두 가지 시장에 투자한다. 그런데 H주식과 레드칩에 투자할 경우에는 대부분 위안화가 아닌 US달러로 투자된다(미래에셋차이나펀드 및 신한봉쥬르차이나펀드는 원화로 운용됨). 물론, 위안화가 평가절상되면 홍콩달러는 가치가 상승하리라 보는 견해가 대부분이다(국내에서 중국주식 직접투자시는 홍콩달러로 투자됨).

둘째, 대부분 중국에 투자하는 펀드는 달러화로 평가한다는 점이다. 따라서 위안화가 평가절상 되면 펀드 기준가와 수익률은 유리한 영향을 받는다. 그러나 펀드를 환매할 때는 달러화를 팔아 원화로 바꿔야 한다. 이때 환차손이 발생할 수도 있다. 물론 위안화 평가절상 폭만큼 원화 가치가 오른다면 환차손 위험은 없다. 하지만 위안화 절상폭보다 원화 가치가 더 오른다면 국내 투자자는 펀드를 환매할 때 낭패를 볼 수도 있다. 즉 중국투자 해외펀드에 투자하려는 사람은 꼭 선물환 계약 (US$로 투자할 경우)을 통해서 환헤지를 하는 지혜가 필요하다.

셋째, 해외펀드를 고르기 전에 가장 먼저 할 일은 '나'의 투자자금과 투자기간 및 투자목적 등을 철저히 분석하고 판단해야 한다. 이 점을 확실히 해두지 않으면 충동적으로 펀드에 가입하고 후회할 수도 있다. 따라서 펀드가 무엇인지 예금이나 적금과는 무엇이 다른지 그리고 내가 투자한 돈이 어떤 경로를 거쳐 어떻게 운용되며 어떤 방식으로 돌려받는지를 알아야 한다. 펀드는 은행이나 증권사로부터 투자한 돈을 모아 전문가(자산운용사)가 대신 주식과 채권 등에 투자한 뒤 수익을 돌려주는 금융상품으로, 주식시장의 흐름이 좋을 때는 큰 수익을 낼 수 있지만 반대의 경우 원금조차도 손실을 입을 수 있다. 따라서 판매처인 국내은행이나 국내증권사의 말보다는 펀드의 자산운용사가 어디인지를 정확히 알고 투자하여야 한다.

넷째, 펀드는 최소한 3년간 누적수익률이 업계에서 중간 이상은 되는 곳이어야 한다. 무엇보다 자산운용회사의 경영철학과 그동안의 행동이 믿음직해야 한다. 외형이나 광고, 주위 사람들의 추천은 무시하고 자신이 판단하도록 해야 하며, 판매회사 여러 곳을 찾아다니고 인터넷을 뒤지고 펀드 평가사의 평가정보를 살펴보는 일은 기본적으로 해야 하는 노력들이다. 펀드를 통한 간접투자는 직접투자보다 위험이 다소 덜하다는 것뿐이지 결국 자기 자신의 판단으로 투자하여 최종책임도 투자자 본인이 진다는 사실은 똑같다. 펀드에 가입하기 전에 투자를 생각하는 국가별로 경기회복 속도, 국제유가, 환율, 금리 등 경제에 미치는 요인들을 전반적으로 점검해보고, 주가가 앞으로 오를지 내릴지에 대한 감각을 갖추어야 한다.

　마지막으로 해외펀드는 펀드가입 시 선취수수료로 대략 1.5~2%를 먼저 떼가고 해마다 운용수수료로 총 보수를 1.5% 정도 떼어간다(3년 이상 장기투자하면 국내 운용사가 운용하는 해외펀드보다 낮은 수수료가 기대된다 - 거치식 기준). 또한 원금을 제외한 이익금의 15.4%가 과세된다(펀드의 경우 과세가 폐지되었으며, 직접투자는 과세대상임, 이익금이 4,000만원 이상 되면 종합금융소득 과세대상에 해당됨).

4장

나만 알고 싶은 중국주식 20선

01 청도맥주

개요		재무(백만위안)	
업종	식품음료	총자산	9,575.45
종목코드	0168	유동자산	3,197.34
결산기	12월	총부채	4,619.06
상장일	1993년 7월 15일	유동부채	3,882.07
상장가격	2.80HK$	순자산	4,956.39
거래단위	2,000주	자본금	1,308.21

특징

- 세계적으로 유명한 칭따오맥주 브랜드를 가진 중국 최대의 맥주 기업으로서 주요사업은 맥주 제조와 판매 및 관련 사업이다.

- 산하에 맥주 생산 기업 50개와 맥아 생산 업체 3개를 보유하고 있고 규모와 시상섬유율은 중국 내 1위다. 2008베이징올림픽 스폰서로 마케팅을 적극적으로 추진하고 있으며, 해외시장을 확대해 동남아 시장에서도 양호한 발전세를 보였다.

• 2005년 매출과 당기순이익은 연간 16%, 9%씩 증가한 100억 2천만 위안, 3억 4백만 위안이며 EPS는 0.23위안이다. 2005년 맥주사업부문의 매출규모는 408만kℓ로 04년 대비 10% 증가했다. 그 중 주요상품의 판매는 133만kℓ로 연간 14%의 성장율을 기록했다. 중국 내 맥주시장에서의 시장점유율은 13.3%, 브랜드 가치는 199억 9,100만 위안에 달하고 있다. 2006년 동사는 올림픽 마케팅 전략을 구사해 청도맥주의 국제화 이미지를 높이고 연간 매출은 440만kℓ, 그 중 주요 상품군의 매출은 150만kℓ로 예상하고 있다. 주주이익 우선 정책을 취하면서 매년 현금 배당도 실시하고 있다.

02 중국석유화학

개요		재무(백만위안)	
업종	석유	총자산	611,790.00
종목코드	0386	유동자산	145,467.00
결산기	12월	총부채	250,508.00
상장일	2000년 10월 19일	유동부채	210,802.00
상장가격	1.59HK$	순자산	262,845.00
거래단위	2,000주	자본금	86,702.43

● 특징

- 중국 최대 석유 기업 중 하나로 2004년 포춘지가 선정한 매출액 기준 중국 1위 기업으로 뉴욕, 런던, 상해, 홍콩 증시에 상장돼 있는 세계적 초우량 기업이다.

- 원유 및 천연가스의 탐사, 채굴, 생산에서부터 석유정제, 기타 석유제품의 생산 판매를 하고 있으며 시노펙상하이, 시노펙칸톤, 시노펙젠하이, 시노펙위젱 등 홍콩상장기업 4개사 및 총 16개 회사를 자회

사로 두고 있다.

- CLSA가 선정한 2004년 아시아 최우수 투자유망 종목 중 하나로 꼽히고 있다.

03 패트로차이나

개요		재무(백만위안)	
업종	석유	총자산	872,163.00
종목코드	0857	유동자산	162,222.00
결산기	12월	총부채	285,486.00
상장일	2000년 4월 7일	유동부채	179,879.00
상장가격	1.27HK$	순자산	586,677.00
거래단위	2,000주	자본금	179,021.00

● 특징

• 워런 버핏이 2003년 4월에 선택/매수한 중국 최대 석유기업으로 원유 및 천연가스 탐사, 채굴, 생산에서부터 석유 정재, 기타 석유제품 및 석유화확 제품을 생산, 판매하는 중국의 초우량 기업이며, 매출액 주요내용을 보면 석유정제와 판매가 72%를 차지하고 석유화학제품 판매는 12%, 석유탐사와 생산은 12%를 차지한다. 2004년 〈포춘〉지가 선정한 매출액 기준 중국 2위 기업인 동시에 뉴욕, 런던, 홍콩증시

에 상장되어 있다.

• 중국 서부대개발의 대표적 수혜기업 및 2004년 감숙성 서풍 유전에서 10년 만에 최대 유전을 발견하여 원유 보유량은 최대 4억 3000만 톤으로 예상된다.

• 05년 원유 생산량은 8.229억 배럴로 전년에 비해 1.1% 증가했으며, 천연가스 생산량은 11,195억 입방피트로 전년에 비해 27.8% 증가했다. 세전 이익은 1,938.22억 위안으로 전년에 비해 28.2% 증가했으며 당기순이익은 1,333.62억 위안으로 전년에 비해 28.4% 증가했다. 주당순이익은 0.75 위안으로 전년에 비해 0.16위안 증가했고 매출액은 5,522억 2,900만 위안에 달해 39.0% 증가했다.

04 CNOOC시누크

개요		재무(백만위안)	
업종	석유	총자산	114,765.06
종목코드	0883	유동자산	44,421.42
결산기	12월	총부채	41,161.97
상장일	2001년 2월 28일	유동부채	13,616.22
상장가격	0.02HK$	순자산	73,603.10
거래단위	1,000주	자본금	876.64

● 특징

- 중국 해양석유 및 천연가스의 탐사 채굴 개발 판매 및 홍콩과 뉴욕증시에 동시 상장되어 있는 중국해양석유총공사의 홍콩자회사로, 중국 내 제3위의 석유생산기업이다. 주로 홍콩을 기반으로 중국 근해(주로 중국발해, 동해, 남해 등)에서의 원유와 천연가스의 탐사, 개발, 생산 및 판매를 하고 있다. 석유와 가스판매가 매출액의 77%를 차지하고 무역수입은 23%를 차지한다.

- 05년 총매출은 6억 9,4557백만 위안으로 전년 대비 25.8% 증가했으며 당기순이익은 2억 5,323백만 위안으로 56.9% 증가해 사상 최고치를 기록했고 주당순이익은 0.62위안을 기록했다. 투자수익은 247백만 위안으로 전년에 비해 242.4% 증가했다. 2005년, 7건의 신규 프로젝트가 생산에 투입되면서 생산량 증가에 크게 기여했다.

- 사우디아라비아의 원유 매장량에 버금가는 캐나다 오일샌드회사인 MEG의 지분 16.69%를 최근 인수했으며 중국 석유업체 가운데 가장 빨리 천연가스 사업에 진출했다.

05 화능국제전력

개요		재무(백만위안)	
업종	석유	총자산	113,600.60
종목코드	0902	유동자산	13,226.33
결산기	12월	총부채	70,143.12
상장일	1998년 1월 21일	유동부채	26,504.49
상장가격	4.40HK$	순자산	43,457.51
거래단위	2,000주	자본금	12,055.38

● 특징

- 중국의 발전 회사 중 최대의 전력 회사이며 중국 기업 최초로 뉴욕 증시에 직접 상장과 동시에 홍콩과 상해 증시에 상장되어 있는 중국의 초우량 기업. 중국의 동남연해 지역을 거점으로 광동성, 요령성, 복건성, 하북성, 산동성, 강소성, 상해 등에 16개발전소와 12개 전력회사를 보유하고 있다. 연발전량 1,505억Kwh인 중국 최대의 발전, 전력 공급 업체다.

- 발전소 투자, 건설, 운영뿐만 아니라 발전소 지역의 배전망 회사를 통해 사용자들에게 전력을 공급하고 있다.

- 설비용량의 지분은 23조kW며, 그 중 화력전력이 97%, 수력전력이 2.3%의 비중을 차지하고 현재 건설 중인 총 설비용량은 7조kW이다.

- 05년 매출액은 401억 9,000만 위안으로 전년 동기에 비해 33.30% 성장했으며 경영원가는 330억6,800만 위안으로 42.53%나 늘었다. 사업 규모 확대와 연료원가 상승이 주된 원인이었다. 당기순이익은 48억 7,200만 위안으로 전년에 비해 8.49% 감소했으며 주당순이익은 0.40위안, 주당 배당금은 0.25위안을 기록했다. 2005년 연말 주당순자산은 3.32위안으로 '04년에 비해 10.30% 증가했다. 국민경제의 고도성장에 따른 전력수요 급증 및 2004년에 가동된 유사발전소 제2기와 심북발전소 및 2005년에 가동된 회음발전소 제2기와 산두발전소 제2기 등의 발전량이 안정세를 보인 가운데 전체 발전량은 1,505억kw/h에 달해 전년에 비해 31.70% 증가했다. 한편 '04년과 05년에 인수 합병한 악양, 영구, 정강산, 평량 등 발전소 등도 발전량 증가에 크게 기여했다.

- 중국 서부대개발의 대표적 수혜회사이다.

06 마안산철강

개요		재무(백만위안)	
업종	철강	총자산	54,716.45
종목코드	0323	유동자산	12,733.75
결산기	12월	총부채	14,094.74
상장일	1993년 11월 3일	유동부채	34,254.68
상장가격	2.27HK$	순자산	20,461.77
거래단위	2,000주	자본금	6,455.30

● 특징

- 중국의 특대형 철강기업으로 50여년의 역사를 자랑하며 현재 종업원
은 7만 명이다. 생산규모는 연간 800만 톤이며 총 자산은 300억 위안
이다. 철강제품은 주로 선재, 형강, 철판, 열차용 바퀴의 4타입이지만
그 외 잡다한 타입의 철강을 생산한다. 설철, 스틸 빌렛 등도 소량이
지만 제조, 판매한다. 세계 수준급 냉 · 열연 라인과 고속 와이어 생산
라인을 보유하고 있다. 건설용 강재인 열연 H형강 생산라인은 중국

최신예를 자랑한다.

- 지역별로 안휘성에서의 매출이 가장 많으며 그 다음으로 강소, 상해 등 지역이 많다. 생산제품의 대부분인 90% 이상이 이곳에서 판매되며 제품은 48개 국가에 수출된다.

- 철강제품의 제조와 판매가 주요 생산품목인 중국 2위의 철강재 회사이다.

07 연화초시(연화슈퍼마켓)

개요		재무(백만위안)	
업종	소매	총자산	6,995.07
종목코드	0980	유동자산	3,381.97
결산기	12월	총부채	5,104.31
상장일	2003년 6월 27일	유동부채	4,784.09
상장가격	3.875HK$	순자산	1,890.76
거래단위	1,000주	자본금	622.00

● 특징

- 2004년까지 8년 연속 중국 최대의 소매체인경영기업으로 선정되었으며 대형 할인마트인 세계연화, 슈퍼마켓 체인인 연화초시, 24시간 편의점인 쾌객편리 등이 주된 사업체다. 기업의 브랜드를 높이고 소비자들의 의존도를 강화하는 것을 경쟁력 향상의 중요한 전략과 원칙으로 삼고 있다.

- 1994년 세계적 소매기업인 까르푸와 제휴하였고 2000년 이후 상해우

의 자회사로 편입되었다. 매장 수는 3,708개이며 그 중 대형종합매장 101개, 슈퍼마켓이 1,628개, 편의점이 1,979개가 있다(2006년 6월 현재).

• 2005년에 IBM(중국)과 합작해 물류 공급 관리시스템(B2B) 개발을 시작했다. 개발비용은 1.2억 위안으로 2010년까지 투입 완료된다. 2005년에 상해 '항온택배센터' 시설개조에 4,715만 위안을 투자했다.

• 2005년도 매출과 당기순이익은 각 31.85%, 11.20% 증가한 1,431,250만 위안, 23,967만 위안이며 EPS는 0.39위안이다. 대형 슈퍼는 최대 수익원이며 매출은 04년 대비 51.65% 증가, 매출비중이 49.98%에 달했다. 슈퍼시장의 매출도 동기대비 48.84% 증가, 매출비중이 13.92%이다. 동사는 인수합병과 가맹점 개설을 영업망 확대의 주요 수단으로 운용해왔다.

08 중국평안보험

개요		재무(백만위안)	
업종	보험	총자산	319,706.00
종목코드	2318	유동자산	66,038.00
결산기	12월	총부채	286,710.00
상장일	2004년 6월 24일	유동부채	286,184.00
상장가격	10.33HK$	순자산	32,996.00
거래단위	500주	자본금	6,195.00

특징

- 보험 기업 중 유일한 민영기업으로 중국 2위의 생명보험회사이며 중국인민재산보험 및 태평양재산보험 등의 뒤를 잇는 중국 3위의 손해보험회사이다. 2005년 이후에도 중국의 보험 상품 보급률은 여전히 낮은 상태이기 때문에 향후 보험사업의 성장성은 양호할 전망이다.

- 1988년 심천에서 설립되었으며 보험업을 위주로 증권, 신탁, 은행, 자산관리 등을 하고 있는 종합적인 금융그룹이다. 1994년 모건과 골

드만삭스, 2002년은 HSBC의 자금을 유치해 금융보험업계에서 처음으로 외자를 유치했으며, 중국시장 점유율은 생명보험 16.1%, 손해보험 9.9%를 차지했다. 시가총액이 100억 위안을 초과한 국제적인 대형 금융보험사이다.

- 2005년의 총 매출액은 645억 9,000만 위안(그 중 보험료 매출은 590억 2,100만 위안, 투자수익은 96억 5,500만 위안)을 기록했으며 내재적 가치는 483억 6,300만 위안을 기록했고 총 자산규모는 3,197억 위안으로 증가했다. 당기순이익은 42억 6,500만 위안에 달해 전년에 비해 35.6% 증가했다. 2005년에 본사를 상해로 이전한 후 평안자산관리유한책임공사와 평안건강보험유한공사 등을 설립해 사업구조를 다각화 했다.

- 〈포브스〉지가 선정한 2005년 세계 2,000대 기업에 선정되었으며 중국기업 중 10위를 차지했다. 2006년 1월 9일 기준으로 시가총액이 1,000억 HK$를 돌파하면서 홍콩증시의 시가총액 20위 권에 진입했다.

09 중국인수생명보험

개요		재무(백만위안)	
업종	보험	총자산	559,219.00
종목코드	2628	유동자산	213,666.00
결산기	12월	총부채	478,841.00
상장일	2003년 12월 18일	유동부채	465,699.00
상장가격	3.59HK$	순자산	80,378.00
거래단위	1,000주	자본금	26,765.00

● **특징**

- 중국 생명보험시장에서 시장점유율 44%로 업계 1위인 중국 최대 생명보험기업으로 1.2만 개의 대리점망, 약 64만 명의 에이전트를 보유, 2005년 말 기준 7천만 명의 보험가입자를 확보하고 있다. 상품구성은 개인생명보험, 단체생명보험, 상해보험, 의료보험 등이며 홍콩과 뉴욕시장에 동시 상장되었다. 워런 버핏이 2번째 매수한 중국기업이기도 했다.

- 2005년 총 매출액은 982억 1,200만 위안으로 전년 대비 27.87% 증가했으며 그 중 보험료 매출은 749억 3,900만 위안에 달해 22.72% 증가했고, 당기순이익은 93억 600만 위안에 달해 전년에 비해 29.77% 증가되었다. 2005년 12월31일 현재, 동사의 내재적 가치는 1,139억 5,400만 위안에 달해 전년에 비해 26.51% 증가했으며 신규 업무의 가치는 74억 8,900만 위안으로 15.14% 증가됐다.

- 시장수요에 부응하여 자산구조를 개편하고 투자구조를 조정했으며 채권 등 장기투자 비중을 늘리고 예금 비중을 축소해 투자수익률을 제고했다. 지난 2005년의 투자수익률은 3.86%로 전년에 비해 0.37%P 상승했다.

10 교통은행

개요		재무(백만위안)	
업종	은행	총자산	1,423.44
종목코드	3328	유동자산	787,145.00
결산기	12월	총부채	1,304.93
상장일	2005년 6월 23일	유동부채	1,340.29
상장가격	2.50HK$	순자산	83,082.00
거래단위	1,000주	자본금	37,278.00

● 특징

- 1908년 설립되어 100년 이상의 역사를 가진 2대 은행 중 하나며, 중국 초기 4대 은행 중의 하나로 화폐발행권리도 소유하고 있었다. 1986년 국무원의 허가로 영업을 시작하였으며 중국 내 첫 주식제 국유 상업은행이 되었다. 2004년 HBSC, 사회보장기금, 중앙회금공사 등 국내외 투자자를 받았으며, 2005년 6월 23일 홍콩 증권거래소에 상장되었다.

- 중국 보험감독관리위원회로부터 보험사 설립허가를 받아 보험합작사 설립을 통해 본격적으로 보험업 진출을 계획하고 있다.

- 총자산규모는 1조 42억 위안으로 BIS비율은 11.2%이며 중국 27개 성에 137개 지점과 총 2,600개의 영업망을 보유하고 있다. 뉴욕, 도쿄, 홍콩, 싱가포르, 서울에 지점을 가지고 있으며 런던과 프랑크푸르트에도 대표사무소를 운영하고 있다.

- 당기순이익과 세전이익은 04년에 비해 476.62%, 65.72% 증가한 92.49억 위안, 128.43억 위안, 총 자산규모는 24.43% 늘어난 1조 4,234억 위안이다. 2005년 말 현재 예금잔액은 1조 2,208억 위안, 대출잔액은 7,714억 위안으로 연간 18.53%, 20.52%씩 증가했고 부실대출비율도 2.37%로 하락되었다. 순이자수익과 비이자수익은 각 315.91억 위안, 44.52억 위안으로 연간 25.40%, 61.01% 증가했다. 영업이익은 연간 6.00% 증가된 180.12억 위안이다. 이외 위안화 절상으로 8.90억 위안의 환손실이 있었다. 2005년 8월에는 한국의 서울지점을 개설했으며 외국기관과 제휴하여 펀드관리사도 설립하면서 8월에는 첫 펀드를 발행했다.

11 중해발전

개요		재무(백만위안)	
업종	해운	총자산	13,387.36
종목코드	1138	유동자산	1,836.32
결산기	12월	총부채	2,538.67
상장일	1994년 11월 11일	유동부채	1,073.26
상장가격	1.88HK$	순자산	10,848.72
거래단위	2,000주	자본금	3,326.00

 특징

- 중국 2위의 해운회사이며 연해 석유 및 석탄 운송업에서 시장점유율은 70% 내외로 중국 최대의 석유 수송회사다. 주로 근해, 원양, 장강 화물운송, 선박임대, 화물 및 운송대리, 선박매매, 컨테이너 제조와 수리, 선박기술 양도 등을 하고 있으며 석탄 및 석유 운송은 주요 수익원이다. 2003년 11월부터 30만 톤 VLCC 건조에 착수하였고 2010년까지 VLCC, SUZEMAX, AFRAMAX, PANAMAX, HANDY-SIZE

등 각종 유조선을 계획하고 있다.

- 석유수송사업의 경우 중국의 석유 수요 증가와 함께 국제·국내 수송 모두 순조로운 신장세 및 해양 석유를 담당하는 중국해양석유총공사와의 협력 관계 강화로 시장 점유율을 유지하고 있다. 2005년 중국 국유자산감독관리위원회가 발표한 '중국 100대 상장기업'에서 최고 기업으로 선정되었다.

- 중국해운집단총공사(中國海運集團總公司)에 소속되어 있으며 1994년 5월에 설립되어 1994년 11월과 2002년 5월 각각 홍콩 및 상해증권거래소에서 10.8만 주의 H주와 3.5억 주의 A주를 발행하였다.

- 국외유가의 고공행진으로 해운사들의 원가부담은 가중되었으나 중해발전의 실적은 사상 최고치를 경신했다. 2005년 매출과 순이익은 각 34.1%, 43.5% 성장했다. 국외유가의 고공행진으로 매출원가는 04년 대비 31.4% 증가한 51억 3,500만 위안이나, 매출증가율 34.1%보다는 낮았다.

12 중국남방항공

개요		재무(백만위안)	
업종	항공	총자산	75,584.00
종목코드	1055	유동자산	6,683.00
결산기	12월	총부채	65,396.00
상장일	1997년 7월 31일	유동부채	38,863.00
상장가격	4.70HK$	순자산	10,188.00
거래단위	2,000주	자본금	4,374.00

 특징

- 1995년 3월 25일 등록되었고 1997년 7월 홍콩 및 뉴욕 증권거래소에
  상장되었다. 홍콩시장에는 H주 11억 7400여만 주를 발행하였으며
  2002년 5월 A주도 발행하였다. 중국 3대 항공사 중 하나로 중국 내의
  여타 항공사에 비해 더욱 광범위한 국내 노선을 보유하고 있다.

- 국내(286개 노선), 홍콩 및 국제(63개 노선)노선을 운항하며 2005년 1월
  231기의 항공기를 보유하고 국내선 434개 노선, 국제선 85개 노선, 홍

콩 23개 노선 등 총 542개 노선에 취항하고 있다.

• 2004년 매출액은 239억 7400만 위안으로 전년 대비 37.23% 증가, 순이익은 적자(4,800만 위안)로 석유 가격 상승으로 인한 항공 연료비, 기체 수리비 및 수송 서비스비 확대가 요인이었다.

• 2004년 8월 프랑스 항공사인 에어 프랑스 등으로 구성된 에어라인 얼라이언스인 스카이팀(SkyTeam)에 가입했다.

13 중국국제항공

개요		재무(백만위안)	
업종	항공	총자산	83,963.60
종목코드	0753	유동자산	10,702.46
결산기	12월	총부채	54,239.34
상장일	2004년 12월 15일	유동부채	25,953.39
상장가격	2.98HK$	순자산	29,724.26
거래단위	2,000주	자본금	12,251.36

● 특징

- 중국 3대 항공사 중 하나로 중국 내 시장점유율 1위인 중국 최대의 상업 항공사이다. 2005년 말 기준으로 항공기 176대를 보유하고 있으며 이 중 화물운송용은 6대, 여객용 168대, 비즈니스 제트기는 2대로 구성되어 있다. 중국 내 72개 노선과 해외 36개 노선을 운항하고 있으며 홍콩 최대의 항공 회사인 캐세이퍼시픽이 대주주로 참여하고 있다.

• 주로 국제, 국내 정기(定期)와 비정기(不定期) 항공 여객과 물품, 우편
  과 화물운송, 비행기관리사업, 항공기 수리, 항공사 간 대리사업, 항
  공사업과 관련된 지면서비스, 항공 속달, 항공 면세품 등 사업을 하고
  있다. 여객·화물항공료가 매출의 대부분을 차지하는 98%에 달하며,
  항공기술서비스 등은 2%에 그치고 있다.

14 북경수도국제공항

개요		재무(백만위안)	
업종	항공(항공경영)	총자산	10,861.86
종목코드	0694	유동자산	2,298.23
결산기	12월	총부채	2,673.75
상장일	2000년 2월 1일	유동부채	2,592.07
상장가격	1.87HK$	순자산	8,188.11
거래단위	2,000주	자본금	3,846.15

특징

- 2008년 베이징올림픽의 수혜주로 북경수도국제공항을 소유하면서 공항관련 업무를 운영하는 기업이다. 연 항공기 이착륙 34만 회, 여객 4,100만 명, 화물 78만 톤의 물동량을 가진 북경국제공항의 운영업체로 항공기 이륙과 착륙 서비스, 승객서비스, 안전 및 보안서비스, 소방서비스 등 항공사업과 공항터미널에서의 면세점 및 기타 소매점 운영, 레스토랑 및 기타 식음료사업, 공항임대사업, 주차업무 등 비항

공사업을 운영하고 있다.

- 2005년 말 기준 북경공항에서 54개의 항공사(국내 9개, 국위 42개, 홍콩/마카오 3개)가 운항 중이며 205개 항편(국내 110개, 국외 95개)이 있다.

- 2005년도 매출은 3.9% 하락한 13.6억 위안, 당기순이익은 17.3% 증가한 4.01억 위안이다. 중국민항총국의 11차 5개년 계획에 의하면 2010년에는 여객과 화물운송량은 2005년에 비해 100% 늘어날 것으로 예상되며, 연간 복합성장율은 약 15% 내외로 예상되고 있다.

- 북경수도국제공항은 중국 내 3대 공항 중 하나로 중국 민항업 발전의 수혜를 많이 받고 있으며, 민항총국이 항공기 이착륙시간에 대한 규제를 완화하고 신규 공항 이용료 기준을 적용함에 따라 수도국제공항의 항공성 수익은 예상을 초월한 성장세가 전망된다. 2008년 북경 올림픽으로 여객수송량은 대폭 증가할 것이다.

15 차이나모바일(홍콩)

개요		재무(백만위안)	
업종	통신	총자산	421,027.00
종목코드	0941	유동자산	121,076.00
결산기	12월	총부채	148,203.00
상장일	1997년 10월 23일	유동부채	109,954.00
상장가격	0.10HK$	순자산	272,824.00
거래단위	500주	자본금	2,116.00

● 특징

• 1997년 9월 홍콩에서 설립, 1997년 10월 뉴욕 및 홍콩증권거래소에 상장하였다. 모회사는 차이나모바일그룹으로 지분 75.1%를 보유하고 있다. 2005년 말 기준으로 2.46억 가입자를 보유하고 있고 중국 내 시장점유율은 65.6%로 세계 최대 규모의 가입자 기반을 확보하고 있다. 2005년 〈파이낸셜 타임즈〉가 선정한 글로벌 500대 기업 중 64위에 랭크된 거대 통신회사로, 이동통신 관련서비스를 제공하고 있으며

최근 부가서비스부문에서 급성장하고 있다. 차이나텔레콤과의 전략적 협약과 동시에 해외 시장 진출에도 적극적으로 움직이고 있다.

- 2005년 매출액은 2,430억 위안으로 전년에 비해 26.3% 증가했으며 당기순이익은 535억 위안으로 28.3% 증가했고, EBITD는 1,333억 위안으로 24.8% 증가했다. 가입자는 2.466억으로 20.7% 증가했다. 주당 배당금은 1.02 홍콩달러, 배당률은 39%를 기록했다. 2005년 들어 GoTone, M-zone, 신주행 3대 브랜드 상품을 출시, 서비스 수준을 제고해 안정적인 성장세를 유지했다. GSM 국제로밍 범위를 전 세계 203개 국가와 지역으로 확대했으며 GPRS 로밍도 98개 국가와 지역으로 확대했다. 2008년 베이징올림픽 이동통신 서비스 후원업체로 각종 홍보활동에 적극 참여해 브랜드 이미지를 향상시켰다.

16 차이나텔레콤

개요		재무(백만위안)	
업종	통신	총자산	417,136.00
종목코드	0728	유동자산	36,663.00
결산기	12월	총부채	235,619.00
상장일	2002년 11월 15일	유동부채	156,976.00
상장가격	1.47HK$	순자산	181,517.00
거래단위	2,000주	자본금	80,932.00

● 특징

- 2002년 9월 중국전신집단공사(中國電信集團公司)가 단독 발기해 설립했고 지분 72.09%를 보유하고 있다. 2002년 11월 각각 뉴욕과 홍콩에 상장되었다. 중국 20개 성·시·자치구에 유선전화, 데이터, 인터넷 등 서비스 제공을 주 사업으로 하며 국내 시장점유율이 43.7%인 중국 최대 통신업체 중 하나이다.
- 2005년부터 상하이에서 인터넷 TV사업을 개시 및 제 3세대(3G)휴대

전화 사업 전개를 위해서 중국 전역에 신규 통신망을 부설 계획 중에 있다.

- 시장경쟁이 격화되었음에도 불구하고 사업전략 조정을 통해 실적이 안정적으로 성장했다. 고정전화 가설비 수익을 제외할 경우 총 매출액은 1,625억 2,900만 위안으로 전년 대비 6.4% 증가했으며 EBITDA는 818억 2,500만 위안으로 4.2% 증가했다. EBITDA율은 50.3%, 주당순이익은 0.26위안을 기록했다. 고정전화 가입자 수는 2억 1,000만 가구에 달해 전년 대비 2,345만 가구가 증가하였으며 광대역 인터넷 가입자는 2,102만 가구에 달해 719만 가구가 늘었다. 특히 성장전망이 밝은 광대역 인터넷 가입자가 급증함에 따라 부가서비스 매출이 100억 위안대에 육박하면서 수익구조도 한층 개선되었으며 향후 매출 신장에 탄탄한 기반이 마련됐다.

17 중흥통신

개요		재무(백만위안)	
업종	전자부품(통신기기)	총자산	26,787.25
종목코드	0763	유동자산	21,320.66
결산기	12월	총부채	16,023.30
상장일	2004년 12월 9일	유동부채	12,200.94
상장가격	20.00HK$	순자산	10,763.94
거래단위	200주	자본금	959.52

● 특징

- 정보통신 시스템 및 설비의 주요 공급상 중의 하나로서, 무선통신시스템, 유선교환 및 접입(接入)설비, 광통신설비, 디지털통신설비, 핸드폰 및 정보통신소프트웨어 시스템 및 서비스업무를 포함한다. 정보통신 제품은 중국 내에서 시장 선두주자이며, 중국전신, 중국이동, 중국왕통, 중국랜통 등 서비스 사업자와 장기 합작관계에 있다. 해외에서는 100여 개 국가와 500여 고객에게 제품을 판매하고, 포르투갈전

신, 프랑스전신 등과도 전략적 합작 관계에 있다.

• 2005년 말 전국 이동통신 사용자는 3.93억 명, 고정전화 사용자는 3.50억 명에 달하며, 통신네트워크 운영상황을 보면, GSM망은 양호, CDMA와 PHS망은 중점 발전전략 채택으로 설비투자가 감소, 전통 유선망은 점차 신규 NGN망으로 대체되고 있고, 부가가치 서비스 사업의 성장이 빠르다, 3G 사업은 시스템에서 최종 산업까지의 사슬을 초보적으로 완성하였다.

• 중국시장에서 CDMA, PHS분야의 투자가 대폭 하락하는 불리한 상황을 NGN, 고정망의 지능화, IPTV, GoTa 등 제품에서 커버하였으며, 해외에서는 전세계 플랫폼 건설에 진척이 있었고 기본 시장커버리지 업무를 완성하였다.

• 2005년도 매출은 연간 4.9% 하락한 215.75억 위안, 순이익은 18.38% 증가한 11억 9,400만 위안이다. 무선통신 시스템은 여전히 주요 수익 원이다. 2005년도 중국 내 시장에서 성장이 저조한 한편 해외사업은 강력하게 성장했다. 2005년 해외수익은 연간 55.6% 증가한 77.02억 위안으로 매출비중은 04년의 21.8%에서 35.7%로 상승했다. 이외 프랑스텔레콤, Hutchison, Milli-com 등 세계 주도적인 통신운영업체와 제휴관계를 맺었다.

18 중국인민재산보험

개요		재무(백만위안)	
업종	보험	총자산	93,380.00
종목코드	2328	유동자산	67,759.00
결산기	12월	총부채	76,544.00
상장일	2003년 11월 6일	유동부채	10,139.00
상장가격	1.00HK$	순자산	16,836.00
거래단위	2,000주	자본금	11,142.00

● 특징

- 자동차보험, 상업부동산보험, 주택보험 사업부문을 영위하고 있으며, 자동차보험의 매출비중이 가장 크다. 20006년 11차 5개년계획의 도입으로 경제발전이 중국 전체적으로 확대될 전망이며, 이에 따른 보험산업의 성장 전망이 밝다. 2006년 6월 1일부터 발효된 자동차부문 3자 책임보험의 의무화는 향후 자동차 보험산업의 성장을 촉진할 전망이나 매출성장율이 동종업계에 비해 크지 않고 부채가 80,000백

만 위안 정도로 자산 대비 많은 편이다.

• 중국인민재산보험의 이사장인 오염(吳焰)에 따르면 향후 2~3년 내에 생명보험시장이 급속히 발전함에 따라 동사는 전국 각지에 생명보험 지사를 설립해 재산보험과 동시에 판매할 것을 계획했다. 생명보험 시장에 진입하는 것에 대해 많은 주주들도 지지했으며 동사는 재산 보험 면에서 이미 지사가 있으나 지금은 생명보험시장에 진출하여 서로 상보가 될 것으로 확신했다. 8.41억 위안으로 모기업 산하의 인 보수험의 지분 29%를 매수할 계획이다. 인보수험은 2005년 11월에 개업했으며 주로 중국 내에서 생명보험사업에 종사하고 있다.

19 중국통신서비스

개요		재무(백만위안)	
업종	통신업	총자산	15,331.38
종목코드	0552	유동자산	12,189.06
결산기	12월	총부채	5,850.07
상장일	2006년 12월 8일	유동부채	5,748.29
상장가격	HK$	순자산	9,481.31
거래단위	2,000주	자본금	5,444.97

● 특징

• 중국 선두우위의 종합서비스제공업체로 통신운영기업에 전문통신 서비스와 주로 설계, 건설, 관리감독을 포함한 통신 인프라서비스를 제공하고 있다. 차이나텔레콤, 차이나모바일, 차이나유니콤, 차이나네트콤, 중국철도통신 등 5대 통신운영업체들은 모두 이 회사의 고객이다. 중국통신설비 생산업체이자 대형기업 서비스제공 업체이다. 주요 사업으로는 (1) 통신네트워크 인프라 관련의 설계, 건설, 관리감독을

포함한 전면적인 통신 인프라서비스. (2) 통신운영기업 상대로 네트워크 유지보수, 시설관리, 통신서비스와 제품소매를 포함한 여러 가지 외주 서비스. (3) 기타 시스템 통합, 인터넷서비스, 음성부가가치 서비스 등을 포함한 풍부한 통신 및 하이테크정보서비스를 제공하고 있다. 2003~2005년의 매출은 각각 1억 917만 위안, 1억 2,249만 위안, 1억 3,232만 위안이며 2006년 상반기의 매출은 6,372만 위안이다. 막강한 3G서비스 개발 및 구축능력을 보유하고 있으며 현재는 모회사인 차이나텔레콤이 보유하고 있는 15개 도시의 통신자산을 인수할 계획이다.

- 중국통신서비스가 발표한 06년 실적보고서에 의하면 당기순이익은 전년 대비 16.5% 증가한 6.96억 위안이고 EPS는 0.172위안이며 매출은 전년 대비 7.2% 증가한 141.83억 위안이다.

- 중국통신서비스의 CEO인 이평은 '상장 이후 12~18개월 내 모회사의 자산을 인수할 것'이며 '증자 발행할 계획은 없다'고 밝혔다. 그는 '3G발급 지연은 중국통신서비스에 불리한 영향이 없다'면서 '중국산 TD-SCDMA테스트 진행은 금년 실적에 긍정적인 영향을 미칠 것'이라고 언급했다.

20 홍콩중국여행사국제(홍콩국제여행사)

개요		재무(백만위안)	
업종	여행 및 호텔	총자산	13,892.45
종목코드	0308	유동자산	3,269.27
결산기	12월	총부채	3,242.53
상장일	1992년 11월 11일	유동부채	1,783.24
상장가격	0.10HK$	순자산	10,649.92
거래단위	2,000주	자본금	569.54

● 특징

• 홍콩 최대 규모의 여행사 중 하나로 현재 홍콩과 마카오 등 지역에 40여 개의 지사가 있으며 미국, 캐나다, 영국, 프랑스, 독일, 일본, 한국, 싱가포르 등 16개 국가에도 19개의 해외지사가 있다. 주로 관광업, 호텔경영, 관광지 경영, 운송사업, 골프장 운영을 하고 있으며 기반시설에도 투자하고 있다. 매출액의 주요내용을 보면 운송서비스가 차지하는 비중이 가장 높아 45.5%를 차지하고 다음으로 관광업이 35%를

차지하고 있다.

- 2005년 종합 매출액은 56억 4,700만 HK$로 전년에 비해 17.6% 증가했으며 순이익은 6억 1,300만 HK$에 달해 4.17% 감소했다. 동사의 순자산 가치는 89억 6,300만 HK$로 전년에 비해 15.7% 늘었다. 2005년 말 현금 및 예금잔액은 22억 5,900만 HK$에 달했으며 재무상태가 양호하다. 핵심사업인 관광사업 부문은 안정적으로 성장했다. 중국 내에서 중려국제(항주) 여행사와 중려국제(대동) 여행사 등을 신설했으며 심양에도 여행사 설립과 관련해 협상을 벌이고 있다. 산하의 여행사들 모두 회의 및 전시 사업부를 증설, 고급 고객 유치를 위해 전력하고 있다. 동사가 보유한 홍콩 내 4개 호텔은 수익성이 양호하며 중점 투자프로젝트인 주해해천만 레저시설이 2005년 말에 완공됨에 따라 핵심경쟁력도 한층 제고되었다.

자산 클리닉 교육 프로그램

당신의 경제수명은 몇 년입니까?

2003년 기준으로 우리나라 사람들이 자신의 첫 직장 혹은 주된 직장에서 은퇴하는 평균 나이는 54세입니다. 반면 평균수명은 77세, 2020년께에는 90세에 이를 것으로 예상됩니다. 20대부터 시작해 50년 넘게 제대로 일해야 자기 일에서 보람을 찾고 노후를 보장 받을 수 있는 '2050시대' 입니다.

따라서 본인의 경제수명에 맞게 제공하는 '자산 클리닉 서비스' 는 개인의 투자현황에 대해 종합검진을 하고 문제에 따른 적절한 해결방안을 제시해 주는 서비스입니다. 주식뿐만 아니라 채권, 보험, 부동산 등 다양한 자산과 상속계획, 절세전략 등 생애 재무설계에 맞춘 한층 업그레이드된 투자방법을 제시해 드립니다.

▶▶ **교육내용**
- 해외주식투자에 돈이 몰리는 이유
- 해외주식투자 공략법
- 효율적인 자산관리 방법
- 펀드로 준비하는 老테크 성공노트
- 투자를 통한 효과적인 노후준비 방안
- 금융투자와 절세기법
- 은퇴대비를 위한 금융상품 가입전략

▶▶ **교육방법**
- B2B : 기업체나 단체, 기관에 출강하여 강의합니다(특강, 워크숍, 세미나)
- B2C : 개인을 대상으로 하는 자산 클리닉 서비스는 방문 가능합니다.

주소 서울시 강남구 역삼동 737, 스타타워빌딩 29층 | 전화 (02)563-5781~2
e-mail cgkang1000@hanmail.net

강창균의 더 큰 부자가 되려면
한국주식을 떠나라

지은이 | 강창균
펴낸이 | 김경태
펴낸곳 | 한국경제신문 한경BP

제1판 1쇄 인쇄 | 2007년 6월 1일
제1판 1쇄 발행 | 2007년 6월 10일

주소 | 서울특별시 중구 중림동 441
기획출판팀 | 3604-553~6
영업마케팅팀 | 3604-561~2, 595 FAX | 3604-599
홈페이지 | http://www.hankyungbp.com
전자우편 | bp@hankyung.com
등록 | 제 2-315(1967. 5. 15)

ISBN 978-89-475-2610-4
값 12,000원

파본이나 잘못된 책은 바꿔 드립니다.